Der Goggolori

Michael Ende

Der Goggolori

Eine bairische Mär

Stück in acht Bildern und einem Epilog

Besuchen Sie uns im Internet:
www.hockebooks.de

Michael Ende: Der Goggolori.
Stück in acht Bildern und einem Epilog

Copyright © 1984 by Nachlass Michael Ende
vertreten durch AVA international GmbH, Germany

Covergestaltung: Joachim Luetke (www.luetke.com) unter
Verwendung eines Ausschnitts des Gemäldes »Die Schöpfung«
(1947, Gouache, WZ 68, gleiches Motiv wie »Das Zeichen« (1947,
Öl auf Leinwand, WZ 130)) von Edgar Ende

© der Bilder Michael Ende Erben VG-Bild-Kunst, Bonn 2020

Für die vorliegende Ausgabe:
© 2020 by hockebooks gmbh, München

Die Originalausgabe ist 1984 im Weitbrecht Verlag in K. Thienemanns
Verlag, Stuttgart / Wien, erschienen.

Herstellung: BoD – Books on Demand, Norderstedt
Printed in Europe

ISBN: 978-3-95751-332-8

Sie möchten »Der Goggolori« als Theaterstück aufführen?
Wir freuen uns über Ihr Interesse und bitten Sie, Ihre Anfrage an die
AVA international (info@ava-international.de) zu senden.

www.michaelende.de
www.ava-international.de

PERSONEN

Der Goggolori, ein Schratt

Zeipoth, ein vierzehnjähriges Bauernmädchen

Irwing, ihr Vater, Bauer und Weber

Weberin, ihre Mutter

Aberwin, ein junger Musikant und Köhler

Der Einsiedel

Ullerin, Seelnonn, Baderin und Hexe

5 Bäuerinnen und 5 Bauern

Das Stück spielt in Finning am Ammersee zu Anfang des 17. Jahrhunderts bei Ausbruch des Dreißigjährigen Krieges.

DER GOGGOLORI

(auf Bairisch)

Vorbemerkung zur phonetischen Schreibart

å
ist ein nach *o* hin eingefärbtes, gutturales *a*.

ey
wie im Englischen *day*.

ai
wie im Englischen *my*.

s
ist immer, auch am Wortanfang, scharf und stimmlos. Es gibt im Bairischen kein stimmhaftes *s*.

aa
langes, flaches *a*.

r
mit der Zungenspitze an den Zähnen gerollt, also kein Gaumen-*r*.

oa
beide Vokale müssen verbunden gesprochen werden wie im Französischen Roi.

dt
in der Mitte zwischen *d* und *t*, mit kurzem Wippen auf dem Laut, etwa wie im italienischen *tutti*.

hob-i, daad-i
wird verbunden gesprochen, also *hobi, daadi*, dient nur zur leichteren Verständlichkeit.

Erstes Bild

Hochmoor hinter dem Ammersee. Frösche quaken. Ein einzelner, seltsam geformter Baum steht in der Mitte. Es ist vor Morgengrauen. Anfangs noch fast Nacht, später wird es langsam heller.

STIMME DER ULLERIN *(aus der Ferne näher kommend)* .
  Goggolori!
  Goggolori!
  Goggolori!

STIMME DES GOGGOLORI *(von der anderen Seite)*
  Hi-hi-hi!
  Hi-hi-hi!
  Då gä hea!
  Då bin-i!
  Sigst denn du nix,
  graisliche Schdrix?
  (kräht)
  Kikeriki!

ULLERIN *(tritt auf, ein glimmendes Netz in den Händen)*
  Hagazussa! Hagazussa!
  D'Hex hold aufm Zaun,
  Hagazussa! Hagazussa!
  kånn im Dunkln schaung.
  Gherst ma scho! Schdaad muast di hem!
  's Nez is gwom aus Schbinnawem.
  Hagazussa! Hagazussa!
  Fogal, då blaibst glem.
  (sie wirft das Netz)
  Wo bist, Goggolori?

STIMME DES GOGGOLORI *(von einer anderen Stelle)*
  He-he-he!
  He-he-he!
  Ullerin, måch koan Schmä!
  Gibst ned boid Rua,
  schialiche Hua?
  Mä-hä-hä-hä-hä-hä-hä-hä-hä!

ULLERIN
  Hagazussa! Hagazussa!
  Måch mi fai ned wuid!
  Bluad vom Basiliskn håb-i
  in des Flaschl gfuid.
  (sie spritzt Feuertropfen aus einer sonderbaren Flasche herum)
  Brenna måcht di fei des Gift,
  wånn di blos oa Drepfal drift!
  Jezat weads da hoas, mey Liaba!
  Gib da söiba d'Schuid!
  Bas auf, Goggolori!

STIMME DES GOGGOLORI *(aus dem Zuschauerraum)*
  Ho-ho-ho!
  Ho-ho-ho!
  Wea hoid nix dreffa ko,
  dem huift koa Wuat,
  buklate Druad!
  (bellend)
  Wo? Wo? Wo? Wo?
  (die Ullerin zieht eine Totenhand hervor)

ULLERIN *(ins Publikum)*
  Mågst mi laicht zum Nårrn hoidtn?
  Då weast wås dalem!
  Husch! Da Laichnhånd, da koidtn,
  muast jez deyne gem!
  Balzebut et Behemat,
  Braxas caput pereat!
  Hui! Dem Hexnschbruch, dem oidtn,

weasd di scho eagem!
Schlåg ey, Goggolori!

STIMME DES GOGGOLORI *(wieder von einer anderen Stelle)*
Ha-ha-ha!
Ha-ha-ha!
Moanst laicht, des daad-i aa?
Då håst an Schoas,
gschtingate Loas!
(er furzt)

ULLERIN *(verlegt sich plötzlich auf die Koketterie)*
Mey, du bist ma scho a Dinga!
Schlau bist und foi List.
Hoach! Wås sågt mey kloana Finga?
Schdrait? Ned das i wist!
Göi, mia woin koan Schdrait hed håm?
Wårum damma uns ned zåmm?
Du und i – des daat scho schdimma!
Såg ma holt, wost bist?
Zoag di, Goggolori!

STIMME DES GOGGOLORI *(sich entfernend)*
Hu-hu-hu!
Hu-hu-hu!
Suach mi, dumms Luada du!
Daråds und daschmeks,
zwifozate Hex!
(Eulenschrei)
Hu-hu-hu-hu!

ULLERIN *(läuft hinterher)*
Goggolori!

Der Baum verwandelt sich in den Goggolori, der mit ausgebreiteten Armen dasteht, eine große dunkle Gestalt in eine Art Kutte gekleidet, mit einem erschreckenden und zugleich lustigen Gesicht nach Art der Perchtenmasken. Er hat Fledermausohren.

GOGGOLORI *(kichert)*
Gschnöid håb-i-s,
bröid håb-i-s,
gschrekt und dablekt håb-i-s!
Woas scho, wås mecht.
Meyna mechts machtig wean,
mechd mi ins Flaschl schbean,
Naa, då wead nix draus wean.
Waar ma ned recht.
Håb eppas åndas im Sinn,
wårt auf meyn Schåz.
Zaibot, mey Zaibot!
Då kummts scho dahea!
Is ma faschbrocha said lang.
Und deangaschd dabårmts mi.
Schee is und liab.
Mecht mas scho nema
und mechts do ned engsdn.
Laicht kummts fo söim?

Er verwandelt sich wieder in den Baum. Zeipoth kommt mit einer
Kraxe voller schwerer Leinwandballen auf dem Rücken herein und
flüchtet sich verängstigt unter den Baum.

ZEIPOTH
Hailige Godsmuadta, schdä ma bai!
Haliga Sånk Michael, schdä ma bai!
Ålle Hailign, schdäts ma bai!
Wås is då im Moos?
Då gäts um. Då is unguat.
Då schraits und då brausts,
då wispats und sausts!
(sie schreit auf)

14

ABERWIN *(kommt rußgeschwärzt von der anderen Seite. Er hat eine Fiedel bei sich.)*
  Jå Zaibot, des bin do-i!

ZEIPOTH *(wirft sich in seine Arme)*
  Åbawin!
  Mey, bin-i fro!

ABERWIN *(streichelt ihr begütigend übers Haar)*
  No, no!
  Koin håb-i brennt
  hait Nacht, då dafo
  bin-i hoidt schwårz.
  Håst mi ned kennt?

ZEIPOTH
  I håb mi glai sofui gforchtn.
  Åbawin, guad dasd då bist.
  Håstas ned gheat?
  Eppas gät um im Moos.

ABERWIN
  Ah, Schmarn!
  Da Wind weads hoidt gwen sey.

ZEIPOTH
  Naa, naa. 's gät går koa Wind ned.

ABERWIN
  Wås bisdn so fuachtsåm?
  Kumm, Zaibot, liabs Madl,
  då hok di hea!
  (er hilft ihr, die schwere Kraxe abzunehmen. Beide setzen sich unter den Baum.)

STIMME DES GOGGOLORI *(leise, geheimnisvoll)*
  Meyn bist, Zaibot,
  bist meyn.

ZEIPOTH *(klammert sich an Aberwin)*
  Håst-as gheat?
  Då wårs wida, de Schdim!
  (sie schüttelt den Kopf)
  I faschdäs ned
  und soids doch faschde.

ABERWIN
  D'Fresch sans und Krodtn.
  Weast di åm End no fiachdn,
  wånn d'Unkn laidtn? Gä zua!

ZEIPOTH
  Fiacht mi scho nimma.

ABERWIN
  Wo gäsdn hi?

ZEIPOTH
  Aufn Mårkt ummi nåch Låndsbeag,
  as naiche Linnen fakaffa.

ABERWIN
  Schee is. Dessöi is gwis.

ZEIPOTH
  Långs ned o
  mid deyne ruassign Bråzn!

ABERWIN
  A soichas Lailach
  waar ma scho recht,
  boi i drin laag mid dia.

ZEIPOTH
  A gä, sey doch schdaad!

ABERWIN
  Host mi no gean?

ZEIPOTH
Woastas doch e.
I kånn da ned feynd sey.

ABERWIN
Gib ma-r-a- Bussal!

ZEIPOTH
Naa, i schaam mi.

ABERWIN
Gä zua, sichts do koana.
Schaugd neamands ned zua.
(er will sie küssen)

STIMME DES GOGGOLORI *(wie vorher)*
Meyn bist, Zaibot,
bist meyn.

ZEIPOTH
Ned jez! Ned då!

ABERWIN
Wås håstn?

ZEIPOTH
I faschdäs ned
und soits doch faschde.
Håst nix gheat?

ABERWIN
I ned.
Mågst mi hoid nimma, göi?

ZEIPOTH
Doch, Åbawin, gwis!
Di und koan åndan ned.

ABERWIN
Woast, wås mia dramd håd?
(er spielt auf der Fiedel)
Mia san in deym Kammal gwen,
mia zwoa, du und i,
då samma bainanda gleng,
mia zwoa, du und i.
Und då håb-i da gsågd,
wie guad dasd ma gfoist,
nå håb-i di bussld,
und du håst mi ghoisd.

BEIDE
Mia zwoa gånz alloa,
mia zwoa, du und i.

ZEIPOTH
Und woast, wås mia dramd håd?
Mia san in da Kirchn gwen,
mia zwoa, du und i,
und då håds a Hochzaid gem,
fia uns zwoa, di und mi.
An Eanst håsd då ghåbt
und an hailing Reschbekt,
und mia håm uns auf d'Finga
de Ringal naufgschdekt.

BEIDE
Mia zwoa ganz alloa,
mia zwoa, du und i.

ABERWIN
Und aso sois aa sey!
Håst scho gred mid de Deyna?

ZEIPOTH
Und wia ofd nåcha!
Bidtlt und bedtlt håb-i,
bis ma da Fådta fabon håd.

ABERWIN
 Und dey Muadta?

ZEIPOTH
 Sunst sågds jå ållawail
 pfailgråd as Gegntail
 fo dem, wås da Fådta sågd.
 Åba in dera Såch ned.

ABERWIN
 I woas scho, wårum.
 Wail-i a årma Taifi bin
 und koa Såch håb auf dera Woid –
 gråd blos mey Fidl.
 Boi i a raicha Bauanbua waar,
 gangats gä åndas.

ZEIPOTH
 Naa, Åbawin.
 Dessöi is ned.
 's muas eppas åndas sey,
 wås ma ned sång woin.
 I woas aa ned, wås.
 Åba oans nimmd mi Wunda:
 Dasd Muadta lezting
 efta scho d'Ullerin gruafa håd,
 di Seelnonn.

Das Gesicht des Goggolori wird im Baum sichtbar.

ABERWIN
 De Hex?

ZEIPOTH
 Nå sans midsåmma
 ind Kåmma naufgånga,
 wånn da Fådta ned då wår,
 und håm heymlich gred midanånd.
 Wås des hedait?

GOGGOLORI *(wie vorher)*
  Meyn bist, Zaibot,
  bist meyn.

ZEIPOTH *(horcht erstarrt)*

ABERWIN
  Und jez mechd-i a Bussal,
  gråd zum Droz!
  (er packt sie und küsst sie)

Der Einsiedel tritt auf. Er hat einen Ledersack über der Schulter.

EINSIEDEL
  Grias God aich zwoa!
  Wås duadsn då?

ABERWIN
  Mey, mia dischkrian gråd a bisl.

EINSIEDEL
  So?
  (er schmunzelt)
  Fo da Waidtn håts åndasd heagschaugd.
  Kån åba daischn.

ZEIPOTH
  Da Hea Eynsidl woas e,
  das ma Liabslaid san,
  da Åbawin und i.

EINSIEDEI
  Woi woas-i-s.
  Faguns aich aa.
  Saids brafe Kinda, es zwoa.
  Åba gebts Obåcht:
  As junge Bluad
  håd scho månchn ind Sind
  und ind Schånd eyni bråcht.

20

ZEIPOTH
Da Fådta laids ned
und d'Muadta no minda,
das ma-r-a Pår wean, mia zwoa.
Und deangaschd wui i koan åndan ned.

ABERWIN
Eynsidl, kanntsd uns laicht heymli draun?

EINSIEDEL
Nix då! Du soisd
Fådta und Muadta ean!
Auf soichtana Heymlichkait
ligd koa Seng vom Heagod ned.

ZEIPOTH
Åba wånn da Hea Eynsidl hoid
amoi ren daad mit de Öitan?
Laicht kanntara guads Wertl eyleng
fian Åbawin?

EINSIEDEL
Schaung ma-r-a moi.
Schådn richts gwis ned o.
Und i muas e nach Finning
ins Dorf ummi.
Pfiat aich God, es zwoa!
Und – blaibds ma fai braf!
(er geht)

ZEIPOTH
Dånkschee, Hea Eynsidl!

ABERWIN
Moansd das wås huift?

ZEIPOTH
I miassat jez aa ge.

ABERWIN
Kumm, Zaibot,
i dråg da dey Last.
(er nimmt die Kraxe auf seinen Rücken. Beide gehen in die entge-
gengesetzte Richtung des Einsiedel hinaus.)

GOGGOLORI *(wird wieder sichtbar)*
Jå, jez weads Dåg!
Scho håds an Liabsdn, des Deandl!
Und fo mia håd ia koana nix gsågd.
Jezat kummts ma eascht,
wårum das de hintafozige Drud
mi hed fånga meng
und aufd Saitn schåffa!
Mey Recht håts ma nema woin!
Åba des weads ma biassn!
Fagessn weads nimma den haitgn Dåg,
und a Lea weads ia sey
midn Wåssa-r-åm Mai,
boi is ins Moor jezat eyni jåg!

Während des Folgenden wird von allen Seiten ein Summen und Brum-
men hörbar, das immer mehr zunimmt, bis es zuletzt fast die Stimme
des Goggolori übertönt.

GOGGOLORI
Honigfogal folla Flais!
Impenfoik, auf meyn Gehais
låsts gä Bliat und Bleamen schde!
Auf gäts! Årbat håbts no e.
I, da Hea von Woid und Au,
schåfs aich o, drum foigds ma gnau!
Hummen, Wepsn und Hoaniss,
ois, wås Angl håd und Biss,
kummts heabai mit Saus und Braus,
heats meyn Wuin und fiatsn aus!
Hoi! Kloans Foik, jez gibts a Haz!

22

Suachts de Ullerin, de Maz,
summts und brummts und gäts drauf los!
Draibts-es diafa ney ins Moos!
Anglts, schdechts und zwikts und blågts,
bis åm Lem schia fazågd!
Gebts koa Rua und gebts ned auf,
bis im schwårzn Sumpf dasauft!
Impenfoik, gä hea! Gä hea!
Hundat, dausnd und no mea!
Sausts und brausts und summts und brummts!
Honigfogal, kummts nua, kummts!

Das gewaltige Brausen entfernt sich schnell in die Richtung, in der die Ullerin gelaufen ist. Man hört entfernt ihren langen Entsetzensschrei.

Zweites Bild

Bauernstube. Der Einsiedel sitzt am Tisch und löffelt eine Suppe. Die Weberbäuerin steht dabei und wartet ihm auf. Irwing, der Bauer, sitzt an einem großen Webstuhl und webt Linnen. Während der ganzen Szene hört man das Geräusch des Webstuhls.

WEBERIN
Mågsd no eppas?

EINSIEDEL *(schiebt die Schüssel zurück)*
Naa. Guad wårs.
Fagöits God, Weberin.

WEBERIN
Gsengs God, Eynsidl.
(sie trägt ab)

EINSIEDEL *(nach einem langen Blick auf Irwing)*
Drukd di wås, Irwing?

IRWING
Wås moanst?

EINSIEDEL
I moan oiwai, di drukd wås.
Waisd går-a-so schdaad bist.

IRWING
Ko scho sey.
Wås kimmats di?

EINSIEDEL
Ned, moanst?
Red, Baua!
Weasd-a-s seng,
na weads da glai bessa ums Heaz.

IRWING *(schüttelt den Kopf und webt weiter)*

24

EINSIEDEL
Håst laicht wås aufm Gwissn?

IRWING
Gä, låss ma mey Rua!
Du kånnsd ma ned höifa
und gårneamands ned.

EINSIEDEL
Aa da Heagod ned, moanst?

WEBERIN *(kommt wieder herein)*
Oamoi muasd deangaschd ren.
Gä zua, Irwing!
Laicht kånn uns da Eynsidl höifa.

IRWING *(hört auf zu weben)*
I woas ned. I woas ned.

EINSIEDEL
Mey, Mo! Des håb-i scho lång gschbånd,
das eppas aich umdraibt, aich zwoa.
Jå jå, di scho aa, Weberin!
Und håbds do koan Grund ned dafia.
Saids de raichstn Bauan wait umanånd.
Da Åka drågd aich doppet so fui,
Kia gem aich mera Muich
ois wia de åndan ålle midnånd.
Kaiben und Faken håbts,
das aich da Schdoi zkloa is.
D'Fichhåndla kema bis fo Augschbuag raus
und drång aich saklwais Göid ins Haus.
Und d'Leynwånd, wosd webst, de is bekannt,
is wait und brait de bessa im Lånd.
Und håbts do koan Knecht
und koa Mensch aufm Hof.
Måchts des ois gånz aloanigs, es zwoa?
Wia gät des zua?

IRWING
Des is ned oiwai so gwen wia hait.

WEBERIN
Wia ma jung wårn, da wår-ma bluatårme Lait.

IRWING
Gårwat håmma, håm gwercht und uns blågd.

WEBERIN
Und deangaschd håmma koan Nuzn ned ghåbt.

IRWING
As Föid håd nix gem, und de Obstbam nix drång.

WEBERIN
Und da Schdoi is uns laar blim.
Då mågsd laicht fazång!

IRWING
Da Flax håd nix daugd, as Linnen is gschlissn.

WEBERIN
Und d'Hena håd uns da Fux dabissn.

IRWING
Gårnix is uns grådn, es wår scho a Gfrett.

WEBERIN
A Kraiz wårs und ninda koa Lebn ned!

IRWING
Do bin-i bai Midsomma naus in Woid
und hob mi bai Nåcht aufn Buagbeag gschdöid.
D'Hupfliachtln håm bey de Bam aussigschaugt.
Nå håb-i gruafa, draimoi, recht laut:
Goggolori! Goggolori! Goggolori!
Und scho schdäda foa mia, a kloane Gschdoid
in-a schwårzn Kabuzn, a Mandl, uroit.
»Wås wuist?«, sågda grantig. »Wås bleast umanånd?«
Und i drauf: »I mecht a fruchtbårs Lånd.

26

Das d'Obstbam drång und das ållezait
meyne Hena leng und as Fich gedait.
Raich mecht-i wern und guad gschdöid.
I mecht aa-r-a Fraid und Glik auf da Wöid!«
Drauf schaugd-a mi o und sinniat a Wail,
dånn sågd-a: »Des wead dia laicht zutail.
Åba du, Baua, muast ma-r-aa eppas gem:
Fo dem, wås dia lebt, oiwai-s-easchde Lem.
Foin Föid, wås de easchde Sansn schnaid,
fom Bam de easchde Frucht, de raift,
den easchdn Schluk fom naichn Bia,
des easchde Junge fo jedm Tia,
des easchde Gårn, des wo d'Weberin schbint,
und fom Ehelåga as easchde Kind.
Bua oda Madl, mia gheats gwis,
's Madl, wånns-as-easchdemoi Waib worn is,
da Bua, wånn da easchde Bårtflaum schbrost.
Des waars, wås di dea Handl kost.
Bist du des ois zu hoitn gwuit?«
Und i håbs gschworn und gsågd: »Es guit!«

WEBERIN
Und ghoitn håmmas ållawai,
wås da Irwing globd håd in söibiga Nåcht.
Und 's Eadmandl håd ois fruchtbår gmåcht,
ois – blos oans ned:
As Ehbett!
Zen Kinda häd-a uns gem miassn,
zen oda mera!
Oans håmma blos, d'Zaibot!
und de is unlengst 's erschdemoi Waib worn.
Jez wead-a-s boid hoin,
da Goggolori, wås eam gheat!
Und mia miassn kindalos schderm.
(sie weint)

EINSIEDEL *(schreit zornig)*
Haidngsindl!
Jå schaamts aich denn ned?
Megds aich ned Sindn fiachtn?
Kinda schenkt da Heagott,
gwis ned da Goggolori!
Åba fia des, wås es do håbts,
is aich as Höifaia gwis!

WEBERIN *(bekreuzigt sich erschrocken)*
Jessasmåråndjosef!

IRWING *(setzt sich wieder an den Webstuhl)*

EINSIEDEL *(ruhiger)*
Håbts es dem Madl wås gsågd
fo dera Gschicht?

WEBERIN
Da Zaibot?
Koa Schdermswerti ned!

EINSIEDEL
Håbts guad do!
's Deandl deaf nia nix wissn dafo.
Nå kannt mas laicht no richtn, de Såch.

WEBERIN *(hoffnungsvoll)*
Wia moanstn des, Eynsidl?

EINSIEDEL
Gebts ia-r-an brafn Mo,
und des auf da Schdoi!

WEBERIN
Hairån? Naa,
då ko nix draus wean.
Is do-an Goggolori faschbrocha.

EINSIEDEL
  Guit ned!
  A haidnischa Taifi is-a,
  a Höingsindl, a Såtånszifa!
  An Taifi brauchst koan Fatråg ned hoitn,
  eam ned und ned seyna Bruat!
  Und glabts-ma des, Lait:
  Gegas hailige Ehsåkråment,
  då kimmda ned o,
  då muasa zruckschde!
  Schikts aich und gebts dem Madl
  an brafn Mo!

IRWING
  Jå, wenn des aso is!

WEBERIN
  Da Bua vom Wirt, da Flori,
  dea waar scho berait.
  Bisl bläd isa und kropfat aa –
  åba raich!

EINSIEDEL
  Mågs den, di Zaibot?

WEBERIN
  Då weads scho ned gfrågd!

EINSIEDEL
  Denksd oiwai åns Göid, Weberin?
  Håsd no ned gnua?
  A Liab muas scho aa dabai sey,
  sunst is koa Seng ned
  auf soichtana Såch.
  Gebts-es dem Åbawin!

WEBERIN
  Wås ned goa!
  Dem Koinbrenna!
  Dem Musikantn!
  Dem Hungalaida!

EINSIEDEL
  De zwoa håm si gean.
  Årm saids es aa gwen!
  Und wånns deamaleynst aia Såch håm,
  sans aa raich, oda?
  Gebts de zwoa zåmm, såg-i,
  und gschwind, eh das a Unglik gschicht!
  (Irwing hört auf zu weben)

Weberin und Irwing schauen sich an.

IRWING
  Mey, wånns da Eynsidl sågd,
  nå gem mas hoidt zåmm.

EINSIEDEL
  Des is a Wort!
  I muas jez waida.
  Pfiad aich God midanånd!
  (er geht)

WEBERIN
  Des Wort, Irwing,
  des håst foaschnöi gsågt!
  Des bast ma scho går ned.

IRWING *(webt)*

WEBERIN
  Und håst ån des aa denkt,
  wås uns da Goggolori duad,
  boi-a-s gschbånd, das man bröid håm?
  Håst an des denkt?

IRWING *(webt)*

WEBERIN
Wås-a uns gem håd,
des wead-a uns nema.
Dessöi is gwis.
Håst ån des denkt?
Irving!

IRWING *(webt)*

WEBERIN
Irwing! Såg wås!

Drittes Bild

Auf dem Schlossberg. Burgruine. Schwarzdornbüsche. Zeipoth pflückt singend Schlehen in einen Deckelkorb.

ZEIPOTH
»Måriå duach den Schwarzdorn ging,
kirieleyson,
wollt Schlehen broken fia ia Kind,
di Schlehen, ach, so bitta sind,
Jesus und Måriå.«

Der Goggolori erscheint als kleines, spindeldürres, bärtiges Männlein mit großen Fledermausohren auf dem Mauerrest.

GOGGOLORI
Jå sapparabix!
Wås duast denn du då?
Jå kennst denn du nix?
Dia zoag-i-s nå scho!

ZEIPOTH *(entzückt)*
Ui, då schaug hea!
A kloawinzigs Mandl!

GOGGOLORI
Hoidsd ned glai dey Mai?
I bitt-ma scho aus:
A bisl Reschbekt,
des mecht nå scho sey!

ZEIPOTH *(lacht)*
Mey, bist du liab!

GOGGOLORI
Dia gib-i-s nå glai!
Måch mi ned fuchtig!
Måch mi ned hantig!

Måch mi ned böizig!
Dös såg-a-da fai!

ZEIPOTH
Wås bisdn so wuadig?

GOGGOLORI *(droht mit dem Finger)*
Zaibot! Zaibot!

ZEIPOTH
Jå, kennst mi denn du?

GOGGOLORI
Ned wer-i di kenna!
Håb di scho kennt,
eh dasd auf da Wöid wårst.

ZEIPOTH
Wia des?

GOGGOLORI
Håms da nia nix gsågt fo mia, ha?

ZEIPOTH
Naa. Wea bistn du?

GOGGOLORI *(feierlich)*
Da Goggolori bin-i,
's Eadmandl, da wuide Schratt!
Ibas kloa Foik da Kini,
iba ois, wås lebt und webt,
iba ois, wås singt und schwingt
unta Schdrauch und Blåt.
Håst koa Ångst ned foa mia?

ZEIPOTH
Ångst? Foa dia?
(sie lacht)
Wårum ned går!

GOGGOLORI *(zornig)*
   Waisd gschdoin håst!

ZEIPOTH *(verwundert)*
   Håb da doch nia nix gschdoin!

GOGGOLORI
   Mey Håb und mey Guat!
   De Schlehen då!
   Du schduisd ma mey Såch!
   Ois då gheat mia,
   mia gånz alloanigs.
   Woasd-as denn ned, du?

ZEIPOTH
   De Schlehn då håm mia oiwai ghoid!
   Weas brokt, dem gheans.

GOGGOLORI
   Höi, Madl! Moanst laicht,
   wås es ålle Jår schdöids,
   des gheat aich scho rechdns?
   Naa, sog-i, nix då!
   I won då herom auf da Buag
   hundat und hundat
   und noamoi hundat Jår,
   mera ois wia du zöin kånnst.
   Meyn is, wås du mia gnumma håst,
   drum bist a Diab!

ZEIPOTH *(zornig)*
   Des duid-i fai ned!
   Des muas-a-ma ned sång låssn,
   scho glai ned fo dia!

GOGGOLORI *(sanfter)*
   Håst-as laicht ned mid Wuin do,
   waisd-as ned gwust håst.

34

Bist deangaschd in meyna Schuld,
muast di auslesn, Deandl!

Zeipoth schüttet ihm den Korb mit Schlehen über den Kopf.

GOGGOLORI *(strampelt und kreischt)*
   Rozdeandl frechs!
   Wås foit-da denn ey?
   Då bas auf! Då bas auf!

ZEIPOTH *(packt ihn, hält ihn fest)*
   Huzmandl kloans!
   Di lås-i ned aus!
   Gheast scho mia! Gheast scho mia!

Sie raufen, wälzen sich am Boden, zuletzt steckt Zeipoth den Goggolo-
ri in ihren Korb und macht den Deckel zu.

ZEIPOTH
   Heb di schdaad und hoach-ma zua!
   Muasd ned schrain und woana.
   Schau, du gfoist ma går so guad,
   Goggolori kloana!

GOGGOLORI
   Deandl, Deandl, låss mi los!

ZEIPOTIH
   Wånnsd bai mia blaibst, nimm-i-di
   mid mia auf mey Kåmma,
   wonsd bai mia im Kåstn drin,
   und mia schbuin midsåmma.

GOGGOLORI
   Låss mi aussi, håb-i gsågt!

ZEIPOTH
   Hoich, aus meyna Sundågsdråcht
   schnaid-i raus a Flekal,

35

måch-da draus a prachdigs Gwånd
und a schbizigs Hiadai.

GOGGOLORI

Madl, Madl, sey doch gschaid!

ZEIPOTH

In da Nåcht kummst in mey Bett,
hast a gmiatlichs Plazal,
måchst aus meyne Zepf a Nest,
schlåfst drin wia-r-a Kazal.

GOGGOLORI

Zaibot! Zaibot! Håst mi liab?

ZEIPOTH

Jå, di gib-i nimma hea
und di nimmt mia koana!
Woast, i håb di narrisch gean,
Goggolori kloana!
(sie horcht am Korb)
Jez is-a gånz schdaad.
(sie geht mit dem Korb nach Hause)

Viertes Bild

Stube im Häusl der Ullerin. Allerhand seltsame Geräte und Hexen-werkzeug. Es ist Abend. Im Hintergrund ein Schlafalkoven.

WEBERIN *(tritt ein und schaut sich suchend um)*
Ullerin!
Ullerin, bist då?
Gä ausse, Ullerin!
I woas scho, das d' då bist.

ULLERIN *(wühlt sich unter einer Menge zerrissener Decken aus ihrem Schlafalkoven hervor. Sie ist am ganzen Körper und im Gesicht verbunden und mit Pflastern beklebt. Sie jammert und stöhnt.)*
Oijoijoijoi!

WEBERIN
Jå, wia schaugsd denn du aus!

ULLERIN
Ajaijaijaijaijai!

WEBERIN
Jå sauba!
Wea håd denn di aso zuagricht, ha?

ULLERIN
Omaiomaiomaiomai!

WEBERIN
Red hoid, Ullerin!
As Mai is da do no ned zuababt.

ULLERIN *(schreit sie an)*
Mågst aa no fråg?
Zwega dia is ma schlecht gånga!
Znachst am Dod wår-i!

37

WEBERIN
 Jå wåsd ned går sågst!
 Is da-r-a-r-amoi eppas ned grån
 midsåmmt deyna Hexnkunst?

ULLERIN
 Hoits Mai!
 Måch mi ned narrisch,
 sunst dalehsd meyn Zurn!

WEBERIN
 Wås is da denn zuagschdossn?

ULLERIN
 Saubläds Gfråg!
 Sigsd-as do söim!
 Gschdoch bin-i um und um
 fo de Impen, de Wepsn,
 de Bremsn, de Mukn!
 Aufgschwoin bi-i
 glai wia-r-a Doag!

WEBERIN *(lacht)*

ULLERIN
 Då gibts fai nix zlåcha,
 des weasd nå scho schbånna!

WEBERIN
 Wea håd da des oto?
 Wårs laicht da Goggolori?
 Schaugd ma gånz danach hea.

ULLERIN *(kreischt)*
 Hoitsd ned glai dey Båpn!
 Nenn ma den Nåma nimma!
 I måg nix mea hean.

WEBERIN
 A Sau håb-a da gem
 und drai schwårze Hena
 und waitas a Fasl foi Bia.
 Und du fångsd an Goggolori dafia.
 Des wår da Håndl.
 Wia stäts nåchat jez?

ULLERIN *(kleinlaut)*
 Ins Moos håd-a mi eyniglokt.
 Ins Wåssa håd-a mi drim.
 An gånzn Dåg bin-i drinaghokt.
 Znachst waar-i dasuffa.
 A hoibate Laich bin-i,
 schaug mi gråd o!

WEBERIN
 Blos dawischt håsdn ned, göi?

ULLERIN
 Naa.
 Naa! Naa!! Naa!!!
 Dea is ma zmachdig.
 Då richd-i nix aus.

WEBERIN
 I woas scho. I woas scho.
 I håbm im Haus.

ULLERIN
 Wås håsd?

WEBERIN
 Zaibot hådn ins Haus bråcht.
 Beim Schlehenbrokn hådsn gfundn.
 Und ea håd si midnema låssn.

ULLERIN
 Wia schaugd-a nå aus?

WEBERIN
Ah, ned amoi gsäng håsdn, Ullerin?

ULLERIN
Gsäng ned, naa.

WEBERIN
Boid is-a gros, boid is-a kloa.
Nia woas mas, wo-a schdekt.
Jez is-a da Bäsn, jez is-a-r-a Oa.
Ois duad-a, wos mi daschrekt.

ULLERIN
Wås duad-a denn, da Goggolori?

WEBERIN
Oft nåchtns, wånn oans schlåffa mecht,
nå weaglts untam Dach,
und in da Kuchl leamda recht
und glåpad midn Såch.
Und aufm Gsöichdn im Kamin,
då hutschda hea und hutschda hin,
und wånn-a drunt im Kella zecht,
nå måchda erscht an Kråch!
Dea draibts so narrisch und so wuid,
des hoit koa Mensch ned aus.
Ea kraat und schraid und låcht und bruid
bei Dåg und Nåcht im Haus.
Ea håd foa laudta Ibamuat
an Bauan eynigsoachd in Huat!
Mia håd-a d'Schua mid Kuadreg gfuid,
des is fiawår a Graus!
Ea jågd im Hof mit Gik und Gak
de Hena duachanånd.
Ea hokt si ney in Håbasak
und hupfd drin umanånd.
Ea håd sogår ins Butafås
mia eynigschissn gråd zum Gschbas!
Ea bind aus lauta Schåbanåk

40

de Kiaschwenz ananånd.
Åm Ofa hokta drom ois Kåz
mid Aung wia Faiagluad.
Boid huschda wia-r-a grossa Råz,
då grausts ma bis aufs Bluad.
Beym Fensta fliagda eyn und aus
ois wia-r-a schwårze Fledamaus.
Naa, so-a Koboid, so-a Schraz,
dea duad im Haus ned guad.

ULLERIN *(kichert)*

WEBERIN
Graichad håmma.

ULLERIN *(kichert stärker)*

WEBERIN
Bät håmma.

ULLERIN *(lacht)*

WEBERIN
Waichwåssa håmma gschbrizt
in ålle Ekn.

ULLERIN *(lacht noch lauter)*

WEBERIN
Håd ois nix gnuzt.

ULLERIN *(biegt sich vor Lachen)*

WEBERIN
Du bisd de oanzig,
wo höifa ko, Ullerin.

ULLERIN *(plötzlich ernst und böse)*
Woasd wås, Weberin?
Schdaig ma-r-am Huad nauf,
rutsch ma-r-an Bugl nunta

und lek mi åm Årsch
mid deym Goggolori!

WEBERIN *(zieht einen schweren Geldbeutel hervor)*
Då is-a Göid.
Heasd-as wias glingelt?
Zen suibane Tåla!

ULLERIN
Håb da-s scho gsågd:
I wui nix mea wissn!

WEBERIN *(zählt auf den Tisch)*
Öife. Zwöife. Draizene. Fiazene. Fuchzene.

ULLERIN
I woas nix.
I håb koa Midtl mea.
I kånn dan ned fånga!

WEBERIN
Sechzene. Sibzene. Åchzene. Neynzene. Zwånzge.

ULLERIN
Und wenn-a-das såg,
es håd do koan Sinn!
I bin gråd-a unglaarde
Doafbådarin!

WEBERIN *(zählt immer langsamer)*
Oasazwånzg. Zwoarazwånzg.
Draiazwånzg. Firazwånzg.
Fimfazwånzg.

ULLERIN
Oa Midtl gaabs no,
jez foids ma-r-ey.
's is des lezt, wås-i håb,
und as lezde muas sey.

42

WEBERIN
  Oisdann?

ULLERIN
  Leg no fimfe dazua.
  Nåchad is gnua.

WEBERIN *(sehr zögernd)*
  Seksazwånzg. Simazwånzg.
  Achtazwånzg. Neynazwånzg.
  Draisge.

ULLERIN
  Naa, naa, 's is ma zgfaarli!

WEBERIN
  Draisg suibane Tåla!
  Fia des Göid håd da Judas
  sogår unsan Heagott fakaft.
  Nimms oda i drågs wida hoam!

ULLERIN *(streicht hastig die Münzen ein)*
  Då blaibts und meyn is!
  (holt aus einer kleinen Eisentruhe eine kristallene Phiole hervor)
  Des is da Zauba!

WEBERIN *(weicht zurück)*
  Godskristiwuin!
  Wia koid dass auf oamoi wead dåherin.
  Wås is des?

ULLERIN
  Då drin is-a Schdigl fom Mooooond!

WEBERIN
  Fom Mond?

ULLERIN

Foa långa Zaid, via d'Wöid no jung is gwen,
då wår da Mond no in da Eadn drin.
Waars aso blim, nå gaabats lengsdns hait
koa Kraut, koan Bam, koa Fich und koane Lait.
Ois waar fadort, faschdeynad und daschdårrt.
D'Wöid waar-a Ednis, gråd wia Schdoa so hårt.
Drum håd di Ead den Brokn aussigschbim:
Då drausd im Himmi waid, då is-a blim.
Do kraisd-a jez bai Dåg und bai da Nåcht
und mecht gean zruk – und håd dazua koa Måcht.
Und wail-a jez fo aussn scheyna duad,
drum gibts a Lem, a Liab, a hizigs Bluad.
Doch deamals, wiasn drång håd ån seyn Ort,
då is-a wengal zrukblim då und dort.
De Drud dakennts! Und wånns-es find und ghoit,
gibts ia de gresde schwårze Zaubagwoit!
Då schaug: Im Glasl drin de Finstanis!
De Köitn gschbiast, de wo då gfånga is!
Boi i-s zabrich, boi i-s oam aufischmais,
deasöi easchtårrt gä auf da Schdöi zu Ais.
Ob Mensch, ob Fich, ob Schratt, mågs sey, wea måg,
dea riad si nimma bis zum Jingsdn Dåg!
Drifts aba ned – und deangaschd gäts in Scherm,
na kummt da Schwårze Dod –
und schbuit zum Schderm!

WEBERIN

Wås sågsd? Pest?

ULLERIN

Woi, wånn-i ned drif.
Nå gäts frai um,
de dunkle Måcht,
und påkt wens måg.

44

WEBERIN
  Drausd di laicht ned, Ullerin?
  Gibs mia, des Glasl!
  Håb da-s scho zoit.

ULLERIN
  Wås bist denn du fia oane?

WEBERIN
  Eh das-i mey Kind
  an Schratt ibalåss ...

ULLERIN
  Ibaleg da-s, Weberin!

WEBERIN
  Gibs hea!
  (sie reißt es der Ullerin aus der Hand)
  Da Goggolori wead daschmissn!

ULLERIN
  Und boisd ned drifst?

WEBERIN *(nach einer Pause)*
  Des nimm-i auf mey Gwissn.
  (schnell ab. Ullerin tanzt.)

Fünftes Bild

Spinnstube. Es ist Nacht. Ein paar Kerzen sind aufgesteckt. Sieben Weiber, darunter auch Zeipoth und die Weberin, sitzen im weiten Halbkreis. Jede hat einen Spinnrocken im linken Arm. Mit der linken Hand ziehen sie den Flachs aus dem Ballen, mit der rechten drehen sie den Faden, an dem die Spindel tanzt. Alle kauen ab und zu Schlehen. Auch ein Schnapskrüglein geht unter ihnen herum.

1. BÄUERIN
   Haia is koid scho worn
   lång fao da rechtn Zaid.
   D'Wind wan akrat fo Norn.
   Wås des bedait?
   Holari dio …

2. BÄUERIN
   Und wånn-i schbinna dua,
   måg-is gean wårm dazua,
   måg-i an schena Gsång,
   Zaid wead sunst lång.
   Holari dio …

Auf einmal steht der Goggolori mitten unter ihnen. Er ist jetzt ein Männchen etwa von der Größe eines zehnjährigen Kindes. Er trägt das Kleid, das Zeipoth ihm gemacht hat: Einen spitzigen Hut mit einer langen Hahnenfeder und ein Mäntelchen aus Seidenbrokat. Die Bäuerinnen schauen ihn wie gebannt an und fahren fort zu spinnen, während er Flöte spielt und tanzt. Die Spindeln tanzen um ihn her auf dem Boden.

GOGGOLORI
   Hopsa! Ridi rudi radi!
   Schbindl, dra-di, dra-di, dra-di!
   Kummts, i dånz aich foa!
   Saids ned faul und ruats no minda,
   draats aich gschwinda, gschwinda, gschwinda,
   draats aich fon aloa!

Waibalait, gebts åcht zumaist,
das da Fån ned raist!
Hopsa! Ridi radi rummi!
Sibn Schbindln dran si ummi,
jå, des gfoid ma woi!
D'Sunn, da Mond und die Blanedtn
dånzn drobn um die Wedtn,
sime ån da Zoi!
Und as Schiksoi håds scho gricht,
das da Fån ned bricht.

*Immer wilder und ausgelassener wird sein Tanz. Die Spindeln surren
und brummen um ihn her wie Kreisel.*

Hopsa! Ridi rudi radi!
Schbindl, dra-di, dra-di, dra-di!
Dånz und hea ned auf!
Eh da Flaks ned featig gschbunna,
draat si d'Eadn, draat si d'Sunna,
schbinnt an Lebnslauf.
Bis da Jingsde Dåg heagåt,
bricht da Fådn ned.

*Während der letzten Strophe löst sich die Weberin langsam aus dem
Bann, erhebt sich und zieht die Phiole hervor. Sie holt aus, um sie auf
den Goggolori zu werfen.*

ZEIPOTH *(ängstlich)*
Muadta, Muadta, wås duast?

WEBERIN
Desöi dua i fia di!
Hi muas-a wean, da Goggolori!

*Sie wirft die Phiole nach ihm, aber Zeipoth fällt ihr in den Arm. Der
Goggolori ist verschwunden. Dampf steigt von der Stelle auf, wo die
Phiole zerbrochen ist, und kriecht über den Boden.*

WEBERIN *(in die plötzliche Stille hinein)*
Håb i-n jez droffa
oda håb-i-n gföid?

(Pause)

1. BÄUERIN
Wås wår jez des?

2. BÄUERIN
Wo kimmdn dea Rauch hea?

3. BÄUERIN
Mia is gånz damisch.

4. BÄUERIN
Wo isn mey Schbindl?

5. BÄUERIN
De lås schde, des is meyne!

ZEIPOTH *(ruhig)*
Wås håstn då gschmissn,
wås håstn då do?

WEBERIN
Des muast du ned wissn,
des gät di nix o!

1. BÄUERIN
Es håbts ma meyn Fån gånz fawirt!

2. BÄUERIN
Gä, klaub das do söim zåmm!

3. BÄUERIN
Jessas, wås håbtsn då gmåcht?

4. BÄUERIN
Ois is duachanånda bråcht!

5. BÄUERIN
Wås schraistn aso, bläde Kua!

1. BÄUERIN
Dia gib-i nå glai oane drauf!

2. BÄUERIN
Heads auf und gebts jez a Rua!

3. BÄUERIN
Schaug si o, di mandlt si auf!

4. BÄUERIN
A Saubande, drekate, saids!

5. BÄUERIN
Kraiztaifi, des långt ma beraits!

ALLE
Du Bisgurn! Du Goas!
Du ausgschamte Maz!
Du gwåmpate Loas!
Du eazfoische Kåz!
Jez weads ma do zdumm!
Jez foid-ma da Watschnbam um!

Alle Weiber prügeln wütend aufeinander ein. Heilloses Durcheinander. Plötzlich fliegen Tür und Fenster auf, ein sausender Windstoß löscht die Kerzen aus. Dunkel.

Sechstes Bild

Herbstlicher Anger vor einer Kapelle. Alles ist zum Erntedankfest ge-
schmückt mit Herbstblumen und Früchten. Auch einige Strohmandl
stehen herum. Zu den Seiten Krüge, Brot, Schinken, Käse. Bauern und
Bäuerinnen, darunter auch Zeipoth, Irwing, die Weberin und Aber-
win, stehen mit gefalteten Händen und gesenkten Köpfen, alle in Fest-
tagstracht. Das Glöckchen der Kapelle läutet.

ALLE
Unsan Fådta im Himmi drom
woin ma lom,
auch den Son und hailing Gaist
lobt und praist!
Wail si uns in irer Gnåden
raiche Ernt bescheret håben,
dånken mia in Kristi Nåmen,
Åmen.

EINSIEDEL
Unfriad is in da Wöid.
Fo Midtanåcht kummd-a ummi, da Schwed,
ziagd duachs Lånd mid Mordn und Brenna.
Grad wias gschrim schdäd
in da hailign Schrift
fo de fia Raita, de ausgschikt wean
ois a Schdråfgricht vom Heagott:
Da earscht auf am waissn Ross,
dea drågt a Kron,
der zwoat auf am rodn Ross,
dea drågt a Schwert,
da dritt auf an schwårzn Ross,
dea drågt a Waag,
und da firt, da firt auf an foibn Ross,
dea bringt ois um!
Und wårum des?
Wai d'Lait an rechtn Glaum nimma håm!

50

Wais abdrinnig san fo da rechdn Ler
und fo unsana hailign Muadta, da Kirch!
Und wo da rechte Glaum ned is,
do ziagd da Taifi ey mid seyna Heaschar!
Und ia, Lait fo Finning?
Glaubts laicht, das aich des nix ogät?
Schaugst aich do o!
Jå, schaamts aich nua!
Unfriad is as undta aich!
Schdraid håbts a jeds mid de åndan!
Grafft håbts! Und går no de Waiba!
Und wårum des?
Wais an rechtn Glaum nimma håbts!
Wai do etliche san, de wo moana,
dass da Goggolori waar,
dea wo oi den Seng bringt,
dea wo aich as Lånd fruchtbar måcht!
Dass de raiche Arntn des Jår
vom Eadmandl kummt, vom Schlehenhuzl,
vom haidnischn Schratt!
Anathema! Lästerung!
Hellische Lästerung!

WEBERIN
An Goggolori gibts nimma,
hådn nia ned gem!

EINSIEDEL
Schdaad bist, Weberin!
Du zfeadast!
(Gemurmel der Leute)
Åba es åndan ned minda!
Grad am haitign Dåg
woi-ma-r-am Heagott dånkn,
dem eynzign Quell ålla Gnådn,
dea uns so raich beschenket håd,
dea uns das tägliche Brot gibt
in Fülle und Ibafluss!

Tuet Buse, ruft Sankt Johannes Batista,
und i sågs aich nomoi:
Tuet Buse! Keats um zum rechtn Glaum!
Lasts aich ned ey midn Höingsindl
und glaubts koane haidnischn Liang!
Tuet Buse, Lait fo Finning!
Auf das Gott aich fazait
in seyna grossn Bårmheazigkait.
Und wia unsa Hea und Hailand gsågd håd:
Wånn mån aich auf die rechte Wånge schlågt,
so håltet auch die linke hin,
ålso miasts aich fasenlich zoang am haitign Dåg
und aich fatrång in Gottes Nam.
Gebts aich den Bruadakuss
und dånket aus diafstem Heazn
unsam Ealesa Jesu Krist, Åmen.
*(er weiht die aufgestellten Gaben. Alle umarmen und küssen sich
feierlich auf beide Wangen.)*

FRAUEN
Hailige Jungfrau, sai uns nå,
Måriå!
Hailige Muadta Gottes, dia
dånken wia.

ALLE
Deyna Fiabit eyngedenket
Gott, wånn ea uns raich beschenket.
Bitt fia uns in Kristi Namen,
Åmen.

MÄNNER
Wås mia, Heagott, bringen hia,
is fo dia.
Unsa Opfa schau oisdånn
gnädig ån!

ALLE
Wail mia doch nichts åndres håben,
opfan mia von deynen Gåben.
Nimm si an in Kristi Namen,
Åmen.

Die Zeremonie ist beendet. Alle setzen sich zum Schmaus auf den An-ger. Fröhliches Stimmengewirr. Auch der Einsiedel setzt sich dazu.

WEBERIN *(fiebrig)*
Und jez schbui auf, Åbawin!
Haid mecht i dånzn!
Kumm, Irwing! Lustig, Mo!
Auf gäts!

Viele tanzen, die Weberin wild und ausgelassen mit Irwing.

IRWING
Wås bisdn so narrisch, Waib?
Håst-as Rossfiaba?

WEBERIN
Frai samma! Frai samma, Irwing!

IRWING
I woas ned, wåsd moanst.
Dessöi is ned guad.
Und mia is scho går ned
zum dånzn zmuat.

Irwing geht beiseite und setzt sich. Die Weberin tanzt bis zum Ende der Musik weiter und trinkt dann gierig aus einem Krug.

ABERWIN *(geht fiedelnd zum Einsiedel und singt)*
Eynsidl, mågst ned dånzn?
I gib da-r-aa a Oa.
»Naa, naa, i kånn ned dånzn
und gaabatsd ma-r-aa zwoa.
Es gheat si ned, es schikt si schlecht,
das unsaoana dånzn mecht,

und dånzn kånn-i ned.«
Eynsidl, mågst ned dånzn?
I gib da-r-aa a Kua.
»Naa, naa, i kånn ned dånzn,
und gaabst ma-n Schdia dazua.
Es gheat si ned, es schikt si schlecht,
das unsaoana dånzn mecht,
und dånzn kånn-i ned.«
Eynsidl, mågst ned dånzn?
I gib da-r-aa a Waib!
»Jå, jå, i kånn scho dånzn,
des is mey Zaidvadraib!
Jå, boi si a schens Deandl draat,
då dånz und hupf i fria und schbaat,
dass Kudtn aufiwaat!«

(allgemeines Gelächter)

EINSIEDEL *(lustig)*
Jå du Schbizbua, du gschbassiga,
då bas auf!
Dia gib-i nå glai a Waibal!
Håbts-es scho fanumma, Lait fo Finning,
wås da Webabaua, da Irwing, bschlossn håd?
Zaibot und da Åbawin
wean nachstns a Pår!
(großer Jubel, auch Spottgelächter)

EINE BÄUERIN
Håbts går koan bessan ned gfundn, ha?

EIN BAUER
Is-a scho dringleng bai ia?

EIN ANDERER
Håbts scho umd Wemuadta gschikt?

WEBERIN (ärgerlich)
Naa, naa, dessöi
is ois no ned ausghåndlt!

MEHRERE
Dånz foa, Åbawin!
An Sibnschbrung!

*Aberwin tanzt, die Bäuerinnen und Bauern treiben ihn mit »Hopp!
Hai!« an.*

ALLE
Dånz ma gä an Sibnschbrung!
Dånz mas ålle sime!
Wea den Dånz ned dånzn ko,
is koa rechta Bauasmo:
Da earscht!
Da zwoat!
Da dritt!
Da fiat!
Da fimft!
Da sekst!
Da sibt!

*Plötzlich wird es sehr rasch dunkel, der Himmel wird schwarz von
Wolken. Plötzlicher Sturmwind. Es blitzt und donnert. Ein Stroh-
mandl fängt an, sich zu drehen und zu wirbeln. Alle stehen erstarrt.
Das Strohmandl ist der Goggolori, der mit zwei Knochen auf einem
Totenschädel trommelt.*

GOGGOLORI
Rattaplan rattabum! Rattaplan rattabum!
A åndra Schnitta gät jez um,
dea wead aich erntn zhauf!
Ea drågt a koipechschwårzes Klaid,
sey schårfe Sansn schnaid und schnaid
und koana hoitn auf!
Rattabum rattaplan! Rattabum rattaplan!

Jez gät de grosse Arntn an,
des wead a åndas Fest!
Fui Gräba wern jez gråbn boid,
und fui fon aich da Schnitta hoid,
da Schnitta hoast si Pest!
Hait is Dånzdåg,
morng is Ångstdåg
ibamorng gäts schderm an
fia Baua, Pfåff und Edelmann!
Huiraxdax, rattaplax!
Måchts aich berait!

EINSIEDEL *(tritt vor, hebt das Kreuz hoch)*
Apage, Satanas!
Heb dich hinweg, haindnischa Lügengaist!
Ich befels
im Nåmen des draiainigen Gottes!

Der Goggolori packt Zeipoth und fährt mit ihr davon. Blitz und Donner.

ADERWIN
Zaibot! Zaibot!
(er rennt hinterher)

IRWING *(flüstert)*
Des wår-a, da Goggolori!

WEBERIN
Jez håd-as doch ghoid!
(sie wankt)

IRWING *(schlägt die Hände vors Gesicht)*

WEBERIN *(fällt plötzlich zu Boden)*

ALLE *(flüsternd)*
Di Pest! Di Pest! Långs-es ned o!
Da Schwårze Dod!

Alle weichen entsetzt zurück und fliehen. Nur Irwing und der Einsiedel bleiben bei der Toten, der Einsiedel kniet sich zu ihr.

IRWING
Schdä auf, Waib!
Schdä doch auf!

EINSIEDEL
Naa, Irwing.
Di schdäd nimma auf.
(er macht das Kreuzzeichen über ihr und betet)

IRWING
Um Godskristiwuin!
Wås ham mia ogricht?
Jez zoid-as uns hoam,
da Goggolori.

Siebentes Bild

Nacht. Eine verschneite Wiese, darauf ein Grabhügel. Der Wind geht kalt. Irwing, bleich und gebückt, steht vor dem Grab.

IRWING
Ach, Waib, mey Waib, wås is mid dia?
Wås draibt di um? Wås wuist fo mia?
Dasd går koa Rua ned findst im Gråb
saitdem, das i dias gschaufed håb,
dasd widakummst nåchteyn, nåchtaus
und umge muast im ganzn Haus
und woanst und jammast – Waib, mey Waib,
dass ma glais Heaz åbdrukt im Laib?
Bois eppas gibt auf dera Ead,
dass dia då druntn laichta wead,
und wås-i fia di richtn kannt,
na såg mas o, måch mas bekannt.
(die Glocke schlägt dreimal)
Ach, Waib, mey Waib, is åba so,
dass Zaidlang håst nåch mia, deym Mo,
dasd ned alloanigs eygäst gean
zua ewing Rua in Gott dem Hean,
na muast ned lång mea wårtn, Frau –
i gschbias im Heazn drin genau.
Zaibot is furt. As Haus is koid.
I bin alloa. I kumm scho boid.
(er zieht einen Rosenkranz aus der Tasche)
Du wårst mia Schdåb und Låst zuglaich,
so gen mia midsåmmen ins Himmiraich.
(er beginnt leise zu beten)
Fådta unsa, dea du bist im Himmi,
gehailigt weade deyn Nåm,
zu uns komme deyn Reich, deyn Wille …

Zeipoth, im gleichen Festtagskleid wie im vorigen Bild, kommt lang-
sam wie eine Schlafwandlerin über die Schneefläche. Hinter Irwing
bleibt sie stehen und schaut sich verwirrt um, als ob sie eben aufwacht.

ZEIPOTH
  Wo bin-i då?

IRWING *(erkennt sie, mit erstickter Stimme)*
  Zaibot, jå Zaibot!

ZEIPOTH
  Fådta! Fådta! Fådta Irwing!
  (sie stürzt in seine Arme)

IRWING *(liebkost sie)*
  Zaibot, mey Deandl!
  Bist zrukkemma!
  Mey liabs Madl,
  wås is dia gscheng?

ZEIPOTH
  Mia is, wia wånn-i dramd håb
  an lången, heymlichen Traum.
  I wår in-an goidanen Gårtn,
  då håb-i miassn wårtn
  waid aussa Zaid und Raum.
  Es is ned in da Wöid gwen
  und do ned aus da Wöid.
  Ois war voi Lust und Lebn,
  då håts koan Dod ned gebn,
  koa Dunkl und koa Köit.
  Då wår da Goggolori
  in seyna wåhrn Gschdoid.
  Då sizda aufm Tron
  und drågd a Blädtakron,
  håd kinigliche Gwoit.
  Ea håd mi untawisn
  und håd mi so fui gleat,
  då håb-i erscht eafårn,

das eam seid dausnd Jårn
a diafa Gråm fazeat.
Dånn håd-a mi endlassn
und håd mi hoassn ge.
Ois is foa mia faschwundn,
i håb mi widagfundn
in Nåcht und Wind und Schnee.

IRWING
Und wås håd-a di gleat,
da Goggolori?

ZEIPOTH
Sey ållatiafsts Geheymnis
håd-a-ma aufdo:
Das-a ned schderm ko.
Und das-a zwengs dem
nia ned ind ewige Seligkait
eyge deaf wia mia Menschn
åm End fo da Wöid.
Wai blos wea da Gnåd
des Todes tailhaftig wead
deamaleynst selige Urschtend ealebt.

IRWING
Des håd-a gsågt?

ZEIPOTH
Jå. Und dabai håd-a gwoant,
dass mas Heaz fåst brocha håd.
Und no eppas håd-a gsågt:
Schderm kannt-a blos, håd-a gsågt,
wånn a Mensch zwega eam
auf sey ewige Selikait fazicht
und eam seyn Dod schenkt aus Liab.
Åba des, håd-a gsågt,
wead nia ned gscheng.

IRWING
Des håd-a gsågt?

ZEIPOTH
Jå, Fådta. Åba in dem, das-as braisgem håd,
sey Geheimnis,
håd-a zuglaich sey Zaubagwoit falorn
und håd koa Måcht nimma
in unsana Wöid.
Des håd-a gsågt.

IRWING
Und håd-a des aa gsågt,
das-ar-an Schwårzn Dod
in unsa Land gschikt håd,
und das fui Lait fo Finning
dro gschdorm san?

ZEIPOTH
Wås sågst, Fådta?
Des kånn ned sey!
Des håd ned da Goggolori do!

IRWING (zeigt auf das Grab)
Då drunt, Zaibot,
då ligt oane, di wos bezaign ko!

ZEIPOTH (schlägt das Kreuzzeichen)
A Gråb?
Wea ligt då drin?

IRWING
D-Muadta.

ZEIPOTH (nach einer Pause)
I faschdäs ned
und soits doch faschde.
Lång bi-i furt gwen.
Wia lång?
(die Uhr schlägt zwölfmal)

IRWING
Fiamoi is da Mond nai worn.

ZEIPOTH
Finsta is auf da Wöid.
I sichs nimma,
wås wåhr is.

Der Geist der Weberin, ganz in schwarze Tücher gewickelt, erscheint auf dem Grabhügel, weint und schluchzt leise und verzweifelt.

ZEIPOTH
Muadta! Muadta!
Um Gottes Bårmherzikait!

GEIST DER WEBERIN
De Suibatåla –
wåschs åb, des Göid, wais bluadig is!
Muass zöin, obs schdimma
und kånns ned in da Finstanis.
San nimma do!
Wo is des Göid? I håb mi girrt!
D'Hend samma bundn,
de Fädn san so årg fawirrt.
Bin drinna gefesslt –
I muass earscht ausanånda klaum.
I kånns ned findn,
d'Hend san so klåmm, zeng is da Raum.
Aloanigs bin-i,
wea head mey Woana, head mey Klåg?
Zend bring-is nimma
di Årbat, bis zum Jingsdn Dåg!

ZEIPOTH
Muadta! Heast mi ned?
I bins, Zaibot!
Red! Såg, wås di umdraibt!

GEIST DER WEBERIN
Mey Kind! Mey Kind!
Dua bätn fia mi, das-i Fridn find!
Håb di rettn woin foam wuidn Schratt.
Håb Unhail bråcht iba Lånd und Schdåt.
Fo da Hex håb-i kafft a Schdikl fom Mond.
Mid draissig Suibaling håb-is endlont.
Håb woin, das da Goggolori farekt,
åba ea håds gschbånnt und si gschwind faschdekt.
Drum håb-i den Brokn ins Laare gschmissn,
und Pest is draus frai worn, und håd ålle gmaat,
und dessöi håb-i gwust und wår deangaschd schdaad,
und rechtns håds mi ois earschte weggrissn.
Fafluacht wår da Håndl! Fafluacht wår da Prais!
Wia-r-i gsågd håb, des nimm-i auf mey Gwissn!
Då ligts jez und brennt mi wias ewige Ais.
I håb des faschuid! So gros is mey Sind!
Du sågs ålle Lait, wia des zuagånga is!
Das mad Wåhrhait måg laichtn in da Finstanis!

ZEIPOTH
Muadta! Såg ma nua des:
Wås håd da da Goggolori do,
dasdn håsd umbringa woin?

GEIST DER WEBERIN
Dessöi muasd an Fådta, an Irwing frång,
dea wead da jez miassn de Wåhrhait sång.
I ko nimma blaim – es ziagd mi dafo –
muas Suibaling zöin, sunst sans nimma då –
muas Fädn entwirrn im finstan Raum –
de Fädn – i muass ausananda klaum –
(sie verschwindet)

ZEIPOTH
Fådta-Irwing,
wås fia-r-a Feyndschaft
håbts es ghåbt
midn Goggolori?

IRWING *(schüttelt langsam den Kopf und setzt sich müde auf den Grabhügel)*
Koa Feyndschaft ned.
Ois wås ma håm
fadånk ma eam.
Ea håd as Lånd
uns fruchtbår gmåcht,
is oiwai guad
und freyndli gwen.
Raich samma worn
duach seyne Måcht.
Dia håd-a går
as Lebn grett
und håd di gschüzt
foam Schwårzn Dod.
Jez sich-i-s ey.
Und wånn-a di
aa ghoidn hätt,
swaar rechtns gwen:
Wai du gheast eam.

ZEIPOTH
Wås sågst, Fådta Irwing? I?

IRWING
Jå, Zaibot, du!
Wårst eam falobt,
eh dasd aufd Wöid
no kemma bist.
Des håmma gschworn,
des wår da Prais
fia unsa Glik.

64

Mia håms da nia
ned sång meng.
Ea hådn ghoitn,
den Fatrog.
Blos uns håds grait.
Fagoitn håm
mas eam aufd lezt
mit Luag und Druag.
So håmma ois
ins Unhail bråcht.

ZEIPOTH
An Goggolori bin-i faschbroacha?
Und bin doch an Åbawin falobt!
Da Åbawin! Lebd-a no?
Wo is-a?

IRWING
Waid is-a furt,
woas koana, wo.
Ea suachd nåch dia
im gånzn Lånd.
Lång håmma nix
mea fon eam gheat,
und ob-a lebt,
i kånns ned sång.
Jez woast-a-s ois.
I mecht nåch Haus.
I bin so miad.
Mid mia is aus.

Irwing bleibt reglos sitzen, mit dem Rücken an das Grabkreuz gelehnt.
Man hört nur noch das Sausen des Windes.

ZEIPOTH
Fådta?
Fådta, wem
gher-i na jez?

IRWING *(schweigt)*

ZEIPOTH
Wås soi i jez doa?
Såg ma, wås recht is!

IRWING *(schweigt)*

ZEIPOTH
Irwing-Fådta!
Mågst ned ren?
Oa Weatl blos!

IRWING *(schweigt)*

Achtes Bild

Wirtsstube. Nacht. Unheimlich flackerndes Licht von Kienspänen. Im Hintergrund sitzen an der Wand entlang hinter Tischen Bauern und Bäuerinnen, es sind die Überlebenden der Pest und Kriegsflüchtlinge. Unter ihnen eine Frau, die ein in Decken gewickeltes Kind im Arm hält. Bierkrüge auf den Tischen. Rechts im Vordergrund sitzt die Ullerin, über und über mit Gold- und Silberschmuck behängt, mehrere Ringe an jedem Finger. Sie ist stark betrunken und spielt Karten mit einem fremden Soldaten, der die Hahnenfeder des Goggolori (aus dem Spinnstubenbild) an seinem Schlapphut trägt. Auf ihrer Seite des Tisches liegt schon ein Haufen Geld.

BÄUERINNEN UND BAUERN
So dempfig isd Luft,
das zum Schnaidn gråd is.
Eppas Unguads gät foa,
dessöi gschbiri gwis.
Dea fremde Soidåt,
wohea das dea kommt?
Ea schbuid mid da Drud
scho zwoa-r-a drai Schdund.
Des sicht doch a jeds,
kost sågn, wåsd megst:
De Ullerin håd
de Kårtn fahext.
Jå gschbånnt denn dea ned,
das eppas ned schdimmt?
Saids schdaad, Lait, saids schdaad,
das aichd Hex ned fanimmt!

SOLDAT
Fårb mecht-i seng!

ULLERIN
Und an Trumpf sigst!

SOLDAT
An Trumpf håb-i aa!

ULLERIN
Scho gschdocha, ha ha!

SOLDAT
's regirt da Infant!

ULLERIN
Den nimm-a-da dant!

SOLDAT
Jez kummt Sau im Galop!

ULLERIN
Åba-r-i stich das åb!
Hi hi hi hi hi!

Die Ullerin streicht den Einsatz ein, zählt, häufelt auf.

ULLERIN *(steht schwankend auf)*
Sigst-as, Soidåt!
Mid da Ullerin nimmts koana mea auf!
Gros is worn und gros is ia Måcht.
Gibst-as zua, Soidåt?

SOLDAT *(schaut sie mit zornfunkelnden Augen an)*
Blaa di ned aso auf, giftige Krottn!

ULLERIN *(lacht ihm ins Gesicht)*
Weast scho no buggln foa mia!
Wås-i såg, des gschicht!
San foabai de Zaidtn,
wo da Oba an Unta schdicht!
(sie trinkt einem Bauern das Bier aus)

*Man hört von der Straße her trommelnde Soldaten vorbeimarschie-
ren, erst weit weg, dann immer näher kommend und sich wieder
entfernend.*

SOLDAT
Wås saufstn de Lait ia Bia aus,
du ausgschaamde Maz!
Håsd-as laicht du zoit?

ULLERIN *(immer betrunkener)*
Zoit?
Brauch scho nix zoin!
Göi, Lait, is ned wåhr,
das mi eyglodn håbts?
(die Leute ducken sich und schweigen)
Sigst-as, Soidåt?

SOLDAT
Oans sich-i:
Das a Fuacht håm foa dia.

ULLERIN
Und du, Soidåt?
Megst laicht sång,
das du koane ned håst?
Mågst åm End no-amoi schbuin?

SOLDAT
Ausgsagglt håst mi, ruachade Hua!

ULLERIN
Weas da scho åbelåssn, d'Hosn!
Dasd-as leanst, Soidåt,
wo da Bartl an Moscht hoid.
Schbui-ma!

SOLDAT
Um wås nåchat?

ULLERIN
Um deyn Huat mid da Hånafeda!

SOLDAT
  Naa, den kriagst ned,
  du gschupfte Hena!

ULLERIN *(grinsend)*
  Hosnschaissa!
  Håsd koan Schnaid, ha?
  (die Trommeln verklingen in der Ferne)

SOLDAT
  Wås daadsn dageng sezn?

ULLERIN *(lauernd)*
  Draisg Suibatåla!
  Akrat de, wosd so schårf drauf bist gwen.

SOLDAT
  Und wea das gem håd
  und fia wås, des sågsd aa?

ULLERIN
  Boist-as gwinnst, des Gschbui,
  nachat såg-i-s.

SOLDAT
  Schbui-ma!
  (er gibt Karten)

BÄUERINNEN UND BAUERN
  Då braut si wås zåmm.
  Des gibt gä an Schdrait!
  I waar liaba furt
  zen Dågraisn wait.

ULLERIN *(triumphierend)*
  Fogal, Fogal, jez
  håb-i di im Nez!
  Wea da d'Fedan aussiziang,
  nimmamea weast fliang!
  (sie bläst ihn an. Das Spiel beginnt.)

BÄUERINNEN UND BAUERN
Jez is-a farazt!
An Zauba håds do!
Gegad hellische Gwoit,
då kimmda ned o!

Der Einsiedel kommt zur Tür herein, hinter ihm Zeipoth. Der Soldat hält im Spiel inne und schaut Zeipoth an.

EINSIEDEL *(laut)*
Ullerin!

ULLERIN *(dreht sich nach ihm um, mustert ihn, wendet sich wieder zum Soldaten)*
Schbui waida, Soidåt!
Dea kimmat mi nix,
dea oide Kutnbrunza.
Schbui aus!

EINSIEDEL *(noch lauter)*
Ullerin!

ULLERIN *(ohne sich umzuwenden)*
Wås bleasdn aso?
Bin scho ned dorat.
(spielt weiter)

Man hört von der Straße her trommelnde Soldaten vorbeimarschieren, erst weit weg, dann immer näher kommend und sich wieder entfernend. Es sind diesmal mehrere Militärtrommeln, der Marsch ist lauter als das erste Mal.

EINSIEDEL
Raich bist worn fon da Pest.
Is da gråd recht kemma!

ULLERIN
Und noamoi Trumpf!

EINSIEDEL
De Ring an deyne Finga,
des Gschmaid umadum,
des håst de Laichn gschdoin!

ULLERIN
Und gschdocha, hä hä!

EINSIEDEL
Ullerin, i red mid dia!

ULLERIN
So?
Du redst mid mia,
gschdingata Waichwåssapritschla,
åba-r-i red ned mid dia!

EINSIEDEL *(hebt die Faust, hält inne, bekreuzigt sich)*
Hailige Gottesmuadta,
huif ma gegn di Dodsind des Zorns!

ULLERIN *(wütend)*
Hóltsd ned dey Mai,
hintafoziga Hund, du!
Schau, dasd waida kummst,
i råt das im Guadn!
Sunst weast mas biassn, dey Foischhait!
Ois-a Selnonn und Bådarin
håb i Soibn fakaft und Kraitl
und an hailsamen Bålsåm fiad Krånkn,
und de Dodn håb-i fias Grab heagricht.
Des Såch, wo i håb,
is mey redlicha Lon!
Und jez fadruk di, Bätbruada,
das ma schbuin kenna!
Trumpf!
(die Trommeln verklingen in der Ferne)

EINSIEDEL
Du, Ullerin, du
håst-as gruafn, di Pest!
Du håst des unhailige Glasl
mid da Höifinstanis drin
da Weberin gem
fian Judaslon!
Di bist a Hua vom Taifi,
a Sukkubin,
a Hex bist,
a Zaubadrud,
und fia des, Ullerin,
bring-i di for-a gaistlichs Gricht,
und wånn-i di schlaifn miast
bey deyne Hår
durchs ganze Baianlånd!

ULLERIN *(springt auf, umkreist ihn mit Zaubergebärden)*
Zitu! Zitu! Asmodi!
Tenebrorum spiriti!
Gargafax va Lewiatan,
legts dem Feynd catena an!
Lingua ferma! Corpus ditu!
Bocca, bocca, zitu, zitu!

Der Einsiedel steht starr mit offenem Mund. Die Ullerin stopft ihm eine tote Ratte hinein, deren Schwanz heraushängt.

ULLERIN
Weads da scho schdopfa
dey liagats Gfris!
Daschlukn, den Råz,
oda daschdik dro!
(sie lacht)
Und Pest håd da Goggolori bråcht,
oda sågd oana wås åndas?
(Totenstille)

ULLERIN *(während sie die letzte Karte auf den Tisch drischt)*
Und des is da lezte Trumpf – Soidåt!
(sie reißt ihm den Hut vom Kopf, setzt ihn sich auf und stolziert torkelnd in der Stube umher, sauft einem anderen Bauern das Bier aus)

SOLDAT
Höitaifi!
Håst Kartn fazaubat,
Luada, du gföids!

ULLERIN *(hämisch)*
Ui eam schaug o!
Gråd ea måg fom Zauban ren!
Kånsd di ned wean, göi?
Foings da nimma, de Honigfogal?
Håst koa Gwoit mea? Bin-i da zgros worn, ha?
Moanst laicht, i woas ned, weasd bist?
Di åndan kånsd daischn mid deyna Maschkara,
mi ned – Goggolori!

DIE LEUTE *(stoßen einen dumpfen Stoßseufzer aus)*
Haaaaa!

SOLDAT
Guad, Ullerin,
nåchat schbui-ma jez an leztn Tarot.
Schbui-ma umd Måcht.

Man hört von der Straße her trommelnde Soldaten vorbeimarschieren, erst weit weg, dann immer näher kommend und sich wieder entfernend. Es sind diesmal viele Militärtrommeln, der Marsch klingt sehr laut und drohend.

ULLERIN *(grinst)*
Håst eh koane mea.
Gheat scho oisamt mia.
Kånsd nix mea eysezn,
waist nix mea håst.

ZEIPOTH
  Eppas håd-a no.
  Mi.

SOLDAT
  Zaibot! Zaibot!

ULLERIN *(schaut zwischen ihnen hin und her)*
  Guit scho!
  Wånnst-as faliast, des Gschbui,
  muast auf ålle Zaid mey Knecht wean,
  nåcha gheast ma und ois, wåsd regiast.
  Und Zaibot aa,
  muas mey Mågd sey und söiba
  a Hex wean wia-r-i!

ZEIPOTH
  Und boisd-as faliast?

ULLERIN
  Ha ha, Madl, des gschicht ned!
  Boi is falia,
  des is gschworn beym hellischn Tron,
  falia-i zuglaich mey Hexnkråft
  und gä furt und kea nimmamea wida!

ZEIPOTH *(stellt sich zum Soldaten, nickt ihm zu)*
  's muas sey.
  (die Trommeln verklingen in der Ferne)

ULLERIN
  Hoit auf!
  Woits mi bschaissn, es zwoa?
  Des wead aich ned laicht wean.
  (sie nimmt sich ein Auge heraus, legt es auf den Tisch vor Zeipoth)
  Des Aug wead di bewachn,
  dass di schdaad hebst!
  (sie schnallt sich ein Bein ab, stellt es neben den Soldaten)

Dea Hax, dea schdesst di in Årsch,
boisd-as brobiast.
Und desmoi gib-i aus!
(sie gibt sich und dem Soldaten je sieben Karten)
Oans – zwoa – drai – fire – fimfe – sexe –
simme. – Auf gäts! *(sie spielt aus)*

ULLERIN
A »Nårr« is, dea nix woas.

SOLDAT
»Di Wöid« – di is hoid gressa.

ULLERIN
»Da Taifi« – dea kånn ois!

SOLDAT
»Da Dod« – dea kånns no bessa!

ULLERIN
»Da Ghenkte« – dea wigt schwaar.

SOLDAT
»Da Muat« – dea drågt no schwaara.

ULLERIN
»As Gliksråd« – draat si schnöi.

SOLDAT
»Da Waise« – dea sicht mera.

ULLERIN
»Da Wång« – bedait an Sig!

SOLDAT
Blos »d'Liab« – di schdäd no driaba.

ULLERIN
»Da Kaisa« – dea schåft o!

SOLDAT
»D'Kaisarin« – duats no liaba.

ULLERIN
»Di Päpstin« – di woas fui!

SOLDAT
»Pagad ultimo« gwinnts Schbui!

Die Ullerin fährt auf, rasend vor Wut, schmeißt die Karten in die Luft, wirft den Tisch um.

ULLERIN
Hagazussa! Hagazussa!
Ois muas hi wean jez!

Der Einsiedel spuckt die Ratte aus, bewegt sich, sinkt keuchend auf die Bank nieder. Er ist frei.

ULLERIN *(sieht es, plötzlich jämmerlich, voll Angst)*
Faschbuid hob-i!
Aus is! Bårmheazigkait!
I bin gråd a årms oids Waibal.
Duats ma nix!
(sie hüpft zur Tür, dreht sich um; zaghaft)
Kumm, Aug, kumm!
(das Auge rührt sich nicht)
Kumm, Hax, kumm!
(der Fuß bewegt sich nicht)
Låsts mi aussi, i bitt recht sche!

SOLDAT *(schreit ihr nach)*
Im Sumpf soist dasaufn!
Und desmoi gschichts!
(er lacht und wirft ihr das Auge nach)
Hax! Schtesse in Årsch!
(der Fuß läuft der Ullerin nach und tritt sie. Sie humpelt heulend davon. Ihr Geschrei verklingt.)

Zaibot, Zaibot, Madl liabs,
des fagis-i nimma.
D'gresde Zaubamåcht da Wöid
drågst im Heazn drinna.

ZEIPOTH
Du håst mia as Lebn gschenkt,
håst mi woin faschona,
drum schenk i dia jez meyn Dod,
wui dey Liab dia lona.

EINSIEDEL
Zaibot, wos redsd då?
Du fahandlst dey ewige Söi
gegas irdische Glik!

ZEIPOTH
Ned fias irdische Glik,
åba wais recht is
und wai eam Recht wean muas!
Eylesn will-i den Aid,
den mey Fådta eam gschworn håd.
Guadmåcha will-i an eam,
wås mey Muadta eam schådn håd woin.
Und da Hea Eynsidl soi ma sång,
das-i recht dua!

EINSIEDEL
Zaibot, wås gäts di o,
ob dea selig wead deamaleynst?
Da Heagod woas scho, wås-a duad!
Åba du fapfendst dey Selnhail!
Schwör åb von deym Begern!

ZEIPOTH
I håb mey Liab falorn,
håb nix mea auf dera Wöid.
Und di åndane is ma falait.

EINSIEDEL
   Du frefelst, Zaibot!
   Wea an den Fluch rührt,
   den påkt-a!

ZEIPOTH *(hebt die Hand zum Schwur)*
   Und schwörn will ichs
   zua Schdund und fia ålle Zaid
   foam Ångesicht
   dea ållahaligstn Draifåltigkait:
   Åbtun will-i fon mia, wås mi bind!
   Dem Goggolori schenk i meyn Dod,
   auf das ea ealöst wird aus seyna Not,
   und das-a eynst selige Urschdend find.
   Und geltn soi, wos-i såg,
   wånn-i aa webn müast
   den Kronschlaia unsara Liabn Frau
   aus Sonnaliacht und Mondentau
   fo hait o bis zum Jingstdn Dåg!
   Des kånn da nia ned fagebn wean!
   Dey Urtail, Zaibot –
   du söiba håst das jez gschbrocha.
   (er setzt sich weinend nieder)

SOLDAT *(leise, feierlich)*
   Kumm, Zaibot, d'Zeit wead lang!
   Zoag ma den letzten Gang.
   Zoag ma, wia's Sterben geht,
   dass ma eynst aufersteht:
   Schenk ma deinen Tod!

Aberwin kommt herein. Er ist abgerissen und verletzt.

ABERWIN
   Zaibot! Zaibot! Bist am Lem!
   Håb-i di do no gfundn!

ZEIPOTH

Åbawin – mey liaba Bua!
Wea håd di so zaschundn?

ABERWIN

Da Schwed håd mi scho gfånga ghåbt,
gråd bin-i no auskemma.
Fo ålle Saitn ziagd-a dahea,
ålle Deafa waitum brenna.
Ea mezlt Waiba und Kinda åb,
då wead koa Gnåd ned gebm.
Kumm, Zaibot, flücht-ma midanånd
und rett-mas nåkate Lem!

ZEIPOTH

Kånn jez ned mid dia ge und nia.
Zschbaat kummst, mey liaba Bua.
Mey Lem – am Goggolori gheats
und aa mey Dod dazua.

ABERWIN

Woaot-as no, wås mia dermois dramd håm?
Das ma ewig zåmmaghean,
du und i, mia zwoa.
Du håtst soin di Meyne wean,
du und i, mia zwoa.
Jez håb-i di gfundn
und du stäst foa mia,
gråd das-i di jez earscht
auf ewig falia.
Jez samma alloa – ålle zwoa.

ZEIPOTH

Gråd da Åbschied blaibt uns no,
dia und mia, uns zwoa.
's Schiksoi håds ned woin aso,
wia du und i, mia zwoa.

Uns blaibd nua as lezte
Pfiatgod no zum sång.
I wead di fia ewig
im Heazn drin drång.
Jez ge ma alloa – ålle zwoa.

Der Tod mit Krone und Sense erscheint als riesige Figur im Hinter-grund und beginnt zu muhen. Zeipoth führt den Goggolori zu ihm, der Goggolori verschwindet in den Mantelfalten des Todes. Zeipoth bleibt mit ausgebreiteten Armen vor dem Tod stehen und hält ihn so zurück.

Die Frau mit dem Kind beginnt leise zu singen. Während das Licht langsam erlischt, fallen mehr und mehr Stimmen ein, das Lied steigert sich, man glaubt das Rollen von Wagenrädern zu hören, den Marsch-tritt von Soldaten, das Brausen der Feuersbrunst. Wenn das Lied ver-klungen ist, bleibt nur noch der Ton einer Äolsharfe übrig.

EINE BÄUERIN
    Bet, Kinda, bet!
    Moagn kummt da Schwed!
    Moagn kummt da Oxnschdean,
    wead di Kinda betn lean.
    Bet, Kinda,
    bet, Kinda,
    bet, Kinda, bet!

ABERWIN
    Rumpedibum,
    der Schwed gät um.
    Rumpedibum,
    der Schwed gät um.
    Mit Hend und mit Fias,
    mit fairige Schbias,
    håd d'Fensta eynschlågn,
    håds Blai dafodrågn,
    håd Kugln draus gossn,

håd Bauan daschossn,
håd Buam dahenkt
und håd Madln dadrengt.

BAUERN
D'Wöid is in Not!
Auf Eadn raitet dea Dod,
dea Dod raitet auf einem kohlschwårzn Råppen,
er trägt ain undurchsichtig Kåppen.
Wo immer Soldåten zum Kriege marschiren,
da duat sei Ross danebengaloppiren.

ALLE
Bet, Kinda, bet!
Moagn kummt da Schwed!
Moagn kummt da Oxnschdean,
wead di Kinda betn lean.
Bet, Kinda, bet!

Epilog

Es wird langsam hell auf der Bühne. Hinter einem Schleiervorhang sitzt Zeipoth allein an einem riesenhaften Webstuhl und webt. Sie ist weiß und grau, aber alterslos.

Links und rechts vom Bühnenrahmen stehen drei Männer und drei Frauen, zunächst nur als schwarze Silhouetten sichtbar. Während des Abgesangs wird das Licht auf der Hinterbühne immer schwächer, das auf der Vorderbühne immer stärker, sodass der Schleiervorhang langsam undurchsichtig wird. Er sieht aus wie ein kostbares, silberweißes Brokatgewebe voller Pflanzen- und Tierformen.

1. VORSÄNGERIN
Und as himmlische Glik und as iadische Glik,
di zwoa genga ninda ned zåmma.

1. UND 2. VORSÄNGERIN
Des håd unsa Heagott so eyngericht,
des oane kost oiwai des ånda.

ALLE
Und die långe, di långe Ewigkait
bis zum End fo da Wöid, bis zum End fo da Zaid,
sizt di Zaibot, wia Föis und wia Nebe so grau,
und muas ewig lem,
und muas ewig wem
åm Kronmåntl unsara Liabn Frau.

2. VORSÄNGERIN
Und wås recht is auf Eadn, obs aa recht is foa Gott,
des weadn mia schwaarlich darådn.

1. UND 2. VORSÄNGERIN
Unsa Lem is zkurz und går boid kummt da Dod,
und is deangaschd a himmlische Gnådn.

ALLE

> Und die långe, di långe Ewigkait
> bis zum End fo da Wöid, bis zum End fo da Zaid,
> sizt di Zaibot, wia Föis und wia Nebe so grau,
> und muas ewig lem,
> und muas ewig wem
> åm Kronmåntl unsara Liabn Frau.

3. VORSÄNGERIN

> Und uns is-as endliche Uatail faweat,
> wias kummt, so miassn mas laidn.

2. UND 3. VORSÄNGERIN

> Wea da Aufeastähung tailhaftig wead,
> dessöi wead da Heagott entschaidn.

ALLE

> Und die långe, di långe Ewigkait
> bis zum End fo da Wöid, bis zum End fo da Zaid,
> sizt di Zaibot, wia Föis und wia Nebe so grau,
> und muas ewig lem,
> und muas ewig wem
> åm Kronmåntl unsara Liabn Frau.

ENDE

DER GOGGOLORI

(auf Hochdeutsch)

Erstes Bild

Hochmoor hinter dem Ammersee. Frösche quaken. Ein einzelner, seltsam geformter Baum steht in der Mitte. Es ist vor Morgengrauen. Anfangs noch fast Nacht, später wird es langsam heller.

STIMME DER ULLERIN *(aus der Ferne näher kommend)*
  Goggolori!
  Goggolori!
  Goggolori!

STIMME DES GOGGOLORI *(von der anderen Seite)*
  Hi-hi-hi!
  Hi-hi-hi!
  Komm hier her!
  Hier bin ich!
  Siehst du denn nichts,
  abscheuliche Stryx (Hexe)?
  (kräht)
  Kikeriki!

ULLERIN *(tritt auf, ein glimmendes Netz in den Händen)*
  Hagazussa! Hagazussa!
  Die Hexe hockt auf dem Zaun,
  Hagazussa! Hagazussa!
  kann im Dunkeln schauen.
  Du gehörst mir schon! Ruhig musst du dich halten!
  Das Netz ist aus Spinnweben gewoben.
  Hagazussa! Hagazussa!
  Vögelchen, da bleibst du kleben.
  (sie wirft das Netz)
  Wo bist du, Goggolori?

STIMME DES GOGGOLORI *(von einer anderen Stelle)*
  He-he-he!
  He-he-he!
  Ullerin, mach keinen Unsinn!

Gibst du nicht bald Ruhe,
hässliche Hure?
Mä-mä-mä-mä!

ULLERIN

Hagazussa! Hagazussa!
Mach mich nur nicht wild!
Blut vom Basilisken hab ich
in dieses Fläschchen gefüllt.
(sie spritzt Feuertropfen aus einer sonderbaren Flasche herum)
Brennen macht dich dieses Gift,
wenn dich nur ein Tröpflein trifft!
Jetzt wird es dir heiß, mein Lieber!
Gib dir selbst die Schuld!
Gib acht, Goggolori!

STIMME DES GOGGOLORI *(aus dem Zuschauerraum)*

Ho-ho-ho!
Ho-ho-ho!
Wer eben nichts treffen kann,
dem hilft keine Wut,
bucklige Trud!
(bellend)
Wo? Wo? Wo? Wo?
(die Ullerin zieht eine Totenhand hervor)

ULLERIN *(ins Publikum)*

Möchtest du mich etwa zum Narren halten?
Da wirst du etwas erleben!
Husch! Der Leichenhand, der kalten,
musst du jetzt deine geben!
Balzebut et Behemat,
Braxas caput pereat!
Hui! Dem Hexenspruch, dem alten,
wirst du dich schon ergeben!
Schlag ein, Goggolori!

STIMME DES GOGGOLORI *(wieder von einer anderen Stelle)*
Ha-ha-ha!
Ha-ha-ha!
Glaubst du etwa, das täte ich auch?
Da hast du einen Furz,
stinkende Sau!
(er furzt)

ULLERIN *(verlegt sich plötzlich auf die Koketterie)*
Na, du bist mir schon so einer!
Schlau bist du und voll List.
Horch! Was sagt mein kleiner Finger?
Streit? Nicht dass ich wüsste!
Gelt, wir wollen doch keinen Streit haben?
Warum tun wir uns nicht zusammen?
Du und ich – das würde schon stimmen!
Sag mir doch, wo du bist!
Zeig dich, Goggolori!

STIMME DES GOGGOLORI *(sich entfernend)*
Hu-hu-hu!
Hu-hu-hu!
Such mich, du dummes Luder!
Errate es und errieche es,
doppelzüngige Hexe!
(Eulenschrei)
Hu-hu-hu-hu!

ULLERIN *(läuft hinterher)*
Goggolori!

Der Baum verwandelt sich in den Goggolori, der mit ausgebreiteten Armen dasteht, eine große dunkle Gestalt in eine Art Kutte gekleidet, mit einem erschreckenden und zugleich lustigen Gesicht nach Art der Perchtenmasken. Er hat Fledermausohren.

GOGGOLORI *(kichert)*
  Hereingelegt hab ich sie,
  geprellt habe ich sie,
  erschreckt und verspottet hab ich sie!
  Ich weiß schon, was sie möchte.
  Sie möchte Herr über mich werden,
  möchte mich in das Fläschchen sperren.
  Nein, daraus wird nichts werden.
  Das wäre mir nicht recht.
  Ich habe etwas anderes vor,
  ich warte auf meinen Schatz.
  Zeipoth, meine Zeipoth!
  Da kommt sie schon!
  Sie ist mir seit Langem versprochen.
  Und doch erbarmt sie mich.
  Schön ist sie und lieb.
  Ich möchte sie mir gern nehmen
  und möchte sie doch nicht ängstigen.
  Vielleicht kommt sie von selbst?

Er verwandelt sich wieder in den Baum. Zeipoth kommt mit einer Kraxe voller schwerer Leinwandballen auf dem Rücken herein und flüchtet sich verängstigt unter den Baum.

ZEIPOTH
  Heilige Gottesmutter, steh mir bei!
  Heiliger Sankt Michael, steh mir bei!
  Alle Heiligen, steht mir bei!
  Was ist da im Moor?
  Da geht es um. Da ist es ungut.
  Da schreit es und da braust es
  da wispert es und saust es!
  (sie schreit auf)

ABERWIN *(kommt rußgeschwärzt von der anderen Seite. Er hat eine Fiedel bei sich.)*
  Ja, Zeipoth, ich bins doch!

ZEIPOTH *(wirft sich in seine Arme)*
 Aberwin!
 Mein (Gott), bin ich froh!

ABERWIN *(streichelt ihr begütigend übers Haar)*
 Nun, nun.
 Kohlen hab ich gebrannt
 heute Nacht, davon
 bin ich eben schwarz.
 Hast du mich nicht erkannt?

ZEIPOTH
 Ich hab mich so sehr gefürchtet.
 Aberwin, gut dass du hier bist.
 Hast du es nicht gehört?
 Etwas geht um im Moor.

ABERWIN
 Ach, Unsinn!
 Der Wind wird es wohl gewesen sein.

ZEIPOTH
 Nein, nein. Es geht gar kein Wind.

ABERWIN
 Warum bist du so ängstlich?
 Komm, Zeipoth, liebes Mädchen,
 setz dich hier her!
 (er hilft ihr, die schwere Kraxe abzunehmen. Beide setzen sich unter den Baum.)

STIMME DES GOGGOLORI *(leise, geheimnisvoll)*
 Mein bist du, Zeipoth,
 du bist mein.

ZEIPOTH *(klammert sich an Aberwin)*
 Hast du es gehört?
 Da war sie wieder, die Stimme!

(sie schüttelt den Kopf)
Ich verstehe es nicht
und sollte es doch verstehen.

ABERWIN
Die Frösche sind es und die Kröten.
Wirst du dich am Ende noch fürchten,
wenn die Unken läuten? Geh!

ZEIPOTH
Ich fürchte mich schon nicht mehr.

ABERWIN
Wo gehst du denn hin?

ZEIPOTH
Auf den Markt hinüber nach Landsberg,
das neue Leinen verkaufen.

ABERWIN
Schön ist es. Das steht fest.

ZEIPOTH
Fass es nicht an
mit deinen rußigen Händen.

ABERWIN
So ein Leintuch
wäre mir schon recht,
wenn ich drin läge mit dir.

ZEIPOTH
Geh, sei doch still!

ABERWIN
Hast du mich noch gern?

ZEIPOTH
Das weißt du doch.
Ich kann dir nicht feind sein.

ABERWIN
  Gib mir einen Kuss!

ZEIPOTH
  Nein, ich schäme mich.

ABERWIN
  Geh, es sieht doch keiner.
  Es schaut niemand zu.
  (er will sie küssen)

STIMME DES GOGGOLORI *(wie vorher)*
  Mein bist du, Zeipoth,
  du bist mein.

ZEIPOTH
  Nicht jetzt! Nicht hier!

ABERWIN
  Was hast du denn?

ZEIPOTH
  Ich verstehe es nicht
  und sollte es doch verstehen.
  Hast du nichts gehört?

ABERWIN
  Ich nicht.
  Du magst mich eben nicht mehr, gelt?

ZEIPOTH
  Doch, Aberwin, gewiss!
  Dich und keinen andern.

ABERWIN
  Weißt du, was mir geträumt hat?
  (er spielt auf der Fiedel)
  Wir sind in deinem Kämmerchen gewesen,
  wir zwei, du und ich,
  da sind wir beieinander gelegen,

wir zwei, du und ich.
Und da hab ich dir gesagt,
wie gut du mir gefällst,
dann hab ich dich geküsst,
und du hast mich umarmt.

BEIDE
Wir zwei ganz allein,
wir zwei, du und ich.

ZEIPOTH
Und weißt du, was mir geträumt hat?
Wir sind in der Kirche gewesen,
wir zwei, du und ich,
und da hat es eine Hochzeit gegeben
für uns zwei, dich und mich.
Da warst du ernsthaft
und voll heiligem Respekt,
und wir haben uns auf die Finger
die Ringlein gesteckt.

BEIDE
Wir zwei ganz allein,
wir zwei, du und ich.

ABERWIN
Und so soll es auch sein!
Hast du schon geredet mit den Deinen?

ZEIPOTH
Und wie oft schon!
Gebeten und gebettelt hab ich,
bis es mir der Vater verboten hat.

ABERWIN
Und deine Mutter?

ZEIPOTH

Sonst sagt sie immer
genau das Gegenteil
von dem, was der Vater sagt.
Aber in dieser Sache nicht.

ABERWIN

Ich weiß schon, warum.
Weil ich ein armer Teufel bin
und nichts besitze auf dieser Welt –
nur meine Fiedel.
Wenn ich ein reicher Bauernsohn wäre,
ginge es gleich anders.

ZEIPOTH

Nein, Aberwin.
Das ist es nicht.
Es muss etwas anderes sein,
was sie mir nicht sagen wollen.
Ich weiß auch nicht, was.
Aber eins nimmt mich Wunder:
Dass die Mutter letzthin
schon öfters die Ullerin gerufen hat,
die Leichenfrau.

Das Gesicht des Goggolori wird im Baum sichtbar.

ABERWIN

Die Hexe?

ZEIPOTH

Dann sind sie zusammen
in die Kammer hinaufgegangen,
wenn der Vater nicht da war,
und haben heimlich geredet miteinander.
Was das bedeutet?

GOGGOLORI *(wie vorher)*
  Mein bist du, Zeipoth,
  du bist mein.

ZEIPOTH *(horcht erstarrt)*

ABERWIN
  Und jetzt möchte ich einen Kuss,
  gerade zum Trotz!
  (er packt sie und küsst sie)

Der Einsiedel tritt auf. Er hat einen Ledersack über der Schulter.

EINSIEDEL
  Grüß Gott euch zwei.
  Was tut ihr denn da?

ABERWIN
  Wir diskutieren nur ein bisschen.

EINSIEDEL
  So?
  (er schmunzelt)
  Aus der Ferne hat es anders ausgesehen.
  Das kann aber täuschen.

ZEIPOTH
  Der Herr Einsiedel weiß es sowieso,
  dass wir Liebesleute sind,
  Aberwin und ich.

EINSIEDEL
  Ich weiß es
  und gönne es euch auch.
  Ihr seid brave Kinder, ihr zwei.
  Aber gebt acht:
  Das junge Blut
  hat schon manchen in die Sünde
  und in die Schande gebracht.

ZEIPOTH
  Der Vater duldet es nicht
  und die Mutter noch weniger,
  dass wir ein Paar werden, wir zwei.
  Und dennoch will ich keinen anderen.

ABERWIN
  Einsiedel, könntest du uns vielleicht heimlich trauen?

EINSIEDEL
  Nichts da! Du sollst
  Vater und Mutter ehren!
  Auf solcher Heimlichkeit
  liegt kein Segen vom Herrgott.

ZEIPOTH
  Aber wenn der Herr Einsiedel
  einmal reden würde mit den Eltern?
  Vielleicht könnte er ein gutes Wörtchen
  einlegen für den Aberwin?

EINSIEDEL
  Wir wollen einmal sehen.
  Schaden richtet es gewiss nicht an.
  Und ich muss sowieso nach Finning
  ins Dorf hinüber.
  Behüt euch Gott, euch zwei!
  Und – bleibt mir nur brav!
  (er geht)

ZEIPOTH
  Dankeschön, Herr Einsiedel!

ABERWIN
  Glaubst du, es nützt etwas?

ZEIPOTH
  Ich müsste jetzt auch gehen.

ABERWIN
Komm, Zeipoth,
ich trag dir deine Last.
(er nimmt die Kraxe auf seinen Rücken. Beide gehen in die entge-
gengesetzte Richtung des Einsiedel hinaus.)

GOGGOLORI *(wird wieder sichtbar)*
Ah, jetzt dämmert's mir!
Schon hat's einen Liebsten, das Mädchen.
Und von mir hat ihr niemand etwas gesagt.
Jetzt begreife ich erst,
warum die heimtückische Trude
mich fangen wollte
und beiseiteschaffen!
Mein Recht wollte sie mir nehmen!
Aber das wird sie mir büßen!
Vergessen wird sie nimmer den heutigen Tag,
und eine Lehre wird es ihr sein
mit dem Wasser am Maul,
wenn ich sie jetzt ins Moor hineinjage!

Während des Folgenden wird von allen Seiten ein Summen und Brum-
men hörbar, das immer mehr zunimmt, bis es zuletzt fast die Stimme
des Goggolori übertönt.

GOGGOLORI
Honigvöglein, voller Fleiß!
Impenvolk, auf mein Geheiß
lasst jetzt Blüten und Blumen stehen!
Auf geht's! Arbeit habt ihr sowieso noch.
Ich, der Herr von Wald und Au,
befehle es euch, darum folgt mir genau!
Hummeln, Wespen und Hornissen,
alles, was Haken hat und Biss,
kommt herbei mit Saus und Braus,
hört meinen Willen und führt ihn aus!
Hoi! Kleines Volk, jetzt gibt es eine Jagd!

Sucht die Ullerin, die Metze,
summt und brummt und geht drauf los!
Treibt sie tiefer hinein ins Moor!
Stachelt, stecht sie und zwickt sie und plagt sie,
bis sie am Leben schier verzagt!
Gebt nicht Ruh und gebt nicht auf,
bis sie im schwarzen Sumpf ersäuft!
Impenvolk, komm her! Komm her!
Hundert, tausend und noch mehr!
Saust und braust und summt und brummt!
Honigvöglein, kommt nur, kommt!

Das gewaltige Brausen entfernt sich schnell in die Richtung, in der die Ullerin gelaufen ist. Man hört entfernt ihren langen Entsetzensschrei.

Zweites Bild

Bauernstube. Der Einsiedel sitzt am Tisch und löffelt eine Suppe. Die Weberbäuerin steht dabei und wartet ihm auf. Irwing, der Bauer, sitzt an einem großen Webstuhl und webt Linnen. Während der ganzen Szene hört man das Geräusch des Webstuhls.

WEBERIN
Magst du noch etwas?

EINSIEDEL *(schiebt die Schüssel zurück)*
Nein. Gut wars.
Vergelt's Gott, Weberin.

WEBERIN
Segne es Gott, Einsiedel.
(sie trägt ab)

EINSIEDEL *(nach einem langen Blick auf Irwing)*
Bedrückt dich etwas, Irwing?

IRWING
Was meinst du?

EINSIEDEL
Ich meine immer, dich bedrückt etwas.
Weil du gar so still bist.

IRWING
Kann schon sein.
Was kümmert es dich?

EINSIEDEL
Nicht, meinst du?
Rede, Bauer!
Du wirst sehen,
dann wird es dir gleich besser ums Herz.

IRWING *(schüttelt den Kopf und webt weiter)*

EINSIEDEL
  Hast du vielleicht etwas auf dem Gewissen?

IRWING
  Geh, lass mich in Frieden!
  Du kannst mir nicht helfen
  und gar niemand.

EINSIEDEL
  Auch der Herrgott nicht, meinst du?

WEBERIN *(kommt wieder herein)*
  Einmal musst du ja doch reden.
  Geh, Irwing!
  Vielleicht kann uns der Einsiedel helfen.

IRWING *(hört auf zu weben)*
  Ich weiß es nicht. Ich weiß es nicht.

EINSIEDEL
  Mein (Gott), Mann! Ich hab es schon längst bemerkt,
  dass etwas euch umtreibt, euch zwei.
  Ja ja, dich auch, Weberin!
  Und ihr habt doch keinen Grund dafür.
  Ihr seid die reichsten Bauern weit umher.
  Der Acker trägt euch doppelt so viel,
  die Kühe geben euch mehr Milch
  als den anderen allen zusammen.
  Kälber und Ferkel habt ihr,
  dass euch der Stall zu klein ist.
  Die Viehhändler kommen bis von Augsburg her
  und tragen euch säckeweise das Geld ins Haus.
  Und die Leinwand, die du webst, die ist bekannt,
  ist weit und breit die beste im Land.

Und doch habt ihr keinen Knecht
und keine Magd auf dem Hof.
Macht ihr das alles ganz allein, ihr zwei?
Wie geht das zu?

IRWING
Das ist nicht immer so gewesen wie heute.

WEBERIN
Als wir jung waren, waren wir bitterarme Leute.

IRWING
Gearbeitet haben wir, haben gewerkt und uns geplagt.

WEBERIN
Und dennoch haben wir keinen Nutzen gehabt.

IRWING
Das Feld hat nichts gegeben, und die Obstbäume nichts ge-
tragen.

WEBERIN
Und der Stall ist uns leer geblieben.
Da kann einer leicht den Mut verlieren.

IRWING
Der Flachs hat nichts getaugt, das Leinen ist geschlissen.

WEBERIN
Und die Hühner hat uns der Fuchs totgebissen.

IRWING
Gar nichts ist uns geraten, es war ein Elend.

WEBERIN
Ein Kreuz war es und kein Leben.

IRWING
Da bin ich um Mittsommer hinaus in den Wald
und hab mich bei Nacht auf den Burgberg gestellt.
Die Irrlichter haben aus den Bäumen geschaut.

Dann hab ich gerufen, dreimal, recht laut:
Goggolori! Goggolori! Goggolori!
Und schon steht er vor mir, eine kleine Gestalt
in einer schwarzen Kapuze, ein Männchen, uralt.
»Was willst du?«, sagt er ärgerlich. »Was schreist du herum?«
Und ich drauf: »Ich möchte ein fruchtbares Land.
Dass die Obstbäume tragen und dass allezeit
meine Hühner legen und das Vieh gedeiht.
Reich möchte ich werden und gut gestellt.
Ich möchte auch Freude und Glück auf der Welt.«
Darauf schaut er mich an und denkt eine Weile nach,
dann sagt er: »Das wird dir leicht zuteilwerden.
Aber du, Bauer, musst mir auch etwas geben:
Von dem, was dir lebt, stets das erste Leben.
Vom Feld, was die erste Sense schneidet,
vom Baum, die erste Frucht, die reift,
den ersten Schluck vom neuen Bier,
das erste Junge von jedem Tier,
das erste Garn, das die Weberin spinnt,
und vom Ehelager das erste Kind.
Knabe oder Mädchen, mir gehört es gewiss,
das Mädchen, wenn es das erste Mal Weib geworden,
der Knabe, wenn der erste Bartflaum sprosst.
Das wärs, was dich der Handel kostet.
Bist du das alles zu halten gewillt?«
Und ich habs geschworen und gesagt: »Es gilt!«

WEBERIN
Und gehalten haben wir immer,
was der Irwing gelobt hat in jener Nacht.
Und das Erdmännchen hat alles fruchtbar gemacht,
alles – nur eines nicht:
Das Ehebett!
Zehn Kinder hätte er uns geben müssen,
zehn oder mehr!
Eines haben wir nur, die Zeipoth!
Und die ist vor Kurzem das erste Mal Weib geworden.

Jetzt wird er es bald holen,
der Goggolori, was ihm gehört!
Und wir müssen kinderlos sterben.
(sie weint)

EINSIEDEL *(schreit zornig)*
Heidengesindel!
Schämt ihr euch denn nicht?
Habt ihr keine Angst zu sündigen?
Kinder schenkt der Herrgott,
gewiss nicht der Goggolori!
Aber für das, was ihr getan habt,
ist euch das Höllenfeuer sicher!

WEBERIN *(bekreuzigt sich erschrocken)*
Jesus Maria und Joseph!

IRWING *(setzt sich wieder an den Webstuhl)*

EINSIEDEL *(ruhiger)*
Habt ihr dem Mädchen etwas gesagt
von dieser Geschichte?

WEBERIN
Der Zeipoth?
Kein Sterbenswörtlein.

EINSIEDEL
Daran habt ihr gut getan!
Das Mädchen darf niemals etwas davon erfahren.
Dann könnte man die Sache vielleicht noch in Ordnung
bringen.

WEBERIN *(hoffnungsvoll)*
Wie meinst du das, Einsiedel?

EINSIEDEL
Gebt ihr einen braven Mann,
und das auf der Stelle!

WEBERIN
Heiraten? Nein,
daraus kann nichts werden.
Sie ist doch dem Goggolori versprochen.

EINSIEDEL
Gilt nicht!
Ein heidnischer Teufel ist er,
ein Höllengesindel, ein Satansgeschmeiß!
Dem Teufel brauchst du keinen Vertrag halten,
ihm nicht und nicht seiner Brut!
Und glaubt es mir, Leute:
Gegen das heilige Ehesakrament,
da kommt er nicht an,
da muss er zurücktreten!
Eilt euch und gebt dem Mädchen
einen braven Mann!

IRWING
Ja, wenn das so ist!

WEBERIN
Der Sohn vom Wirt, der Florian,
der wäre schon bereit.
Ein bisschen blöd ist er und hat auch einen Kropf –
aber reich!

EINSIEDEL
Mag sie den, die Zeipoth?

WEBERIN
Da wird sie nicht danach gefragt!

EINSIEDEL
Denkst du immer ans Geld, Weberin?
Hast du noch nicht genug?
Es muss auch Liebe dabei sein,

sonst liegt kein Segen
auf solchen Dingen.
Gebt sie dem Aberwin!

WEBERIN
Was nicht gar!
Dem Kohlenbrenner!
Dem Musikanten!
Dem Hungerleider!

EINSIEDEL
Die zwei haben sich gern.
Arm seid ihr auch gewesen!
Und wenn sie dermaleinst euern Besitz haben,
sind sie auch reich, oder?
Gebt die beiden zusammen, sag ich,
und schnell, ehe ein Unglück geschieht!
(Irwing hört auf zu weben)

Weberin und Irwing schauen sich an.

IRWING
Nun, wenn es der Einsiedel sagt,
dann geben wir sie eben zusammen.

EINSIEDEL
Das ist ein Wort!
Ich muss jetzt weiter.
Behüt euch Gott miteinander!
(er geht)

WEBERIN
Dieses Wort, Irwing,
das hast du vorschnell gesagt!
Das gefällt mir ganz und gar nicht.

IRWING *(webt)*

WEBERIN
Und hast du auch daran gedacht,
was uns der Goggolori tut,
wenn er merkt, dass wir ihn geprellt haben?
Hast du daran gedacht?

IRWING *(webt)*

WEBERIN
Was er uns gegeben hat,
das wird er uns nehmen.
Das ist sicher.
Hast du daran gedacht?
Irwing!

IRWING *(webt)*

WEBERIN
Irwing! Sag etwas!

Drittes Bild

Auf dem Schlossberg. Burgruine. Schwarzdornbüsche. Zeipoth pflückt singend Schlehen in einen Deckelkorb.

ZEIPOTH
»Maria durch den Schwarzdorn ging,
Kyrie eleison,
wollt Schlehen pflücken für ihr Kind,
die Schlehen, ach, so bitter sind,
Jesus und Maria.«

Der Goggolori erscheint als kleines, spindeldürres, bärtiges Männlein mit großen Fledermausohren auf dem Mauerrest.

GOGGOLORI
Ja sapparabix!
Was tust du denn da?
Gibt es für dich keine Bedenken?
Dir werde ich's zeigen!

ZEIPOTH *(entzückt)*
Oh, sieh nur an!
Ein winzig kleines Männchen!

GOGGOLORI
Hältst du nicht sofort den Mund?
Ich möchte mir ausbitten:
Ein bisschen Respekt,
das ist wohl nicht zu viel verlangt!

ZEIPOTH *(lacht)*
Mein (Gott), bist du niedlich.

GOGGOLORI
Dir werde ich's gleich geben!
Mach mich nicht wütend!
Mach mich nicht zornig!

Mach mich nicht rasend!
Das sage ich dir!

ZEIPOTH
Was bist du denn so wütend?

GOGGOLORI *(droht mit dem Finger)*
Zeipoth! Zeipoth!

ZEIPOTH
Ja, kennst du mich denn?

GOGGOLORI
Sollte ich dich etwa nicht kennen?
Ich hab dich schon gekannt,
ehe du auf der Welt warst.

ZEIPOTH
Wie das?

GOGGOLORI
Haben sie dir nie etwas von mir gesagt?

ZEIPOTH
Nein. Wer bist du denn?

GOGGOLORI *(feierlich)*
Der Goggolori bin ich,
das Erdmännlein, der wilde Schratt!
Über das kleine Volk der König,
über alles, was lebt und webt,
über alles, was singt und schwingt
unter Strauch und Blatt.
Hast du keine Angst vor mir?

ZEIPOTH
Angst? Vor dir?
(sie lacht)
Warum nicht gar!

GOGGOLORI *(zornig)*
   Weil du gestohlen hast!

ZEIPOTH *(verwundert)*
   Ich hab dir doch nie etwas gestohlen!

GOGGOLORI
   Mein Hab und mein Gut!
   Die Schlehen da!
   Du stiehlst mir meinen Besitz!
   Alles hier gehört mir,
   mir ganz allein.
   Weißt du das denn nicht, du?

ZEIPOTH
   Die Schlehen haben wir immer geholt!
   Wer sie pflückt, dem gehören sie.

GOGGOLORI
   Ho, Mädchen! Glaubst du vielleicht,
   was ihr alle Jahre stehlt,
   das gehört euch schon rechtens?
   Nein, sag ich, nichts da!
   Ich wohne hier oben auf der Burg
   hundert und hundert
   und noch einmal hundert Jahre,
   mehr als du zählen kannst.
   Mein ist, was du mir genommen hast,
   darum bist du ein Dieb!

ZEIPOTH *(zornig)*
   Das dulde ich nicht!
   Das muss ich mir nicht sagen lassen,
   schon gar nicht von dir!

GOGGOLORI *(sanfter)*
   Vielleicht hast du es nicht absichtlich getan,
   weil du's nicht gewusst hast.

Dennoch bist du in meiner Schuld,
du musst dich auslösen, Mädchen!

Zeipoth schüttet ihm den Korb mit Schlehen über den Kopf.

GOGGOLORI *(strampelt und kreischt)*
Rotzmädchen, freches!
Was fällt dir denn ein?
Gib nur acht! Gib nur acht!

ZEIPOTH *(packt ihn, hält ihn fest)*
Hutzelmännlein, kleines!
Dich lass ich nicht los!
Gehörst schon mir! Gehörst schon mir!

Sie raufen, wälzen sich am Boden, zuletzt steckt Zeipoth den Goggolori in ihren Korb und macht den Deckel zu.

ZEIPOTH
Halt dich still und hör mir zu!
Musst nicht schreien und weinen.
Schau, du gefällst mir gar so gut,
Goggolori kleiner!

GOGGOLORI
Mädchen, Mädchen, lass mich los!

ZEIPOTH
Wenn du bei mir bleibst, nehme ich dich
mit mir auf meine Kammer,
du wohnst bei mir im Schrank,
und wir spielen miteinander.

GOGGOLORI
Lass mich hinaus, hab ich gesagt!

ZEIPOTH
Horch, aus meiner Sonntagstracht
schneide ich ein Fleckchen heraus,

mache dir daraus ein prächtiges Gewand
und ein spitzes Hütchen.

GOGGOLORI
Mädchen, Mädchen, sei doch gescheit!

ZEIPOTH
In der Nacht kommst du in mein Bett,
hast ein gemütliches Plätzchen,
machst aus meinen Zöpfen ein Nest,
schläfst darin wie ein Kätzchen.

GOGGOLORI
Zeipoth! Zeipoth! Hast du mich lieb?

ZEIPOTH
Ja, dich geb ich nicht mehr her
und dich nimmt mir keiner!
Weißt du, ich hab dich schrecklich gern,
Goggolori kleiner!
(sie horcht am Korb)
Jetzt ist er ganz still.
(sie geht mit dem Korb nach Hause)

Viertes Bild

Stube im Häusl der Ullerin. Allerhand seltsame Geräte und Hexen-werkzeug. Es ist Abend. Im Hintergrund ein Schlafalkoven.

WEBERIN *(tritt ein und schaut sich suchend um)*
Ullerin!
Ullerin, bist du da?
Komm heraus, Ullerin!
Ich weiß, dass du da bist.

ULLERIN *(wühlt sich unter einer Menge zerrissener Decken aus ihrem Schlafalkoven hervor. Sie ist am ganzen Körper und im Gesicht verbunden und mit Pflastern beklebt. Sie jammert und stöhnt.)*
Oijoijoijoi!

WEBERIN
Ja, wie siehst du denn aus!

ULLERIN
Aijaijaijaijai!

WEBERIN
Du liebe Zeit!
Wer hat dich denn so zugerichtet?

ULLERIN
Omaiomaiomaiomai!

WEBERIN
Rede doch, Ullerin!
Das Maul ist dir schließlich nicht zugeklebt.

ULLERIN *(schreit sie an)*
Willst du auch noch fragen?
Deinetwegen ist es mir übel ergangen!
Beinahe wäre ich gestorben!

WEBERIN
  Was du nicht sagst!
  Ist dir auch einmal etwas nicht gelungen
  samt all deiner Hexenkunst?

ULLERIN
  Halt's Maul!
  Mach mich nicht wütend,
  sonst erlebst du meinen Zorn!

WEBERIN
  Was ist dir denn zugestoßen?

ULLERIN
  Saublöde Fragerei!
  Du siehst es doch selbst!
  Verstochen bin ich um und um
  von den Bienen, den Wespen,
  den Bremsen, den Mücken!
  Aufgeschwollen bin ich
  fast wie ein Teig!

WEBERIN *(lacht)*

ULLERIN
  Da gibt es nichts zu lachen,
  das wirst du noch merken.

WEBERIN
  Wer hat dir das angetan?
  War es vielleicht der Goggolori?
  Es sieht mir ganz danach aus.

ULLERIN *(kreischt)*
  Hältst du nicht gleich den Mund?
  Nenn mir den Namen nicht mehr!
  Ich will nichts mehr hören.

WEBERIN
Eine Sau habe ich dir gegeben
und drei schwarze Hühner
und außerdem ein Fässchen Bier.
Und du fängst dafür den Goggolori.
Das war der Handel.
Wie steht's also jetzt?

ULLERIN *(kleinlaut)*
Ins Moor hat er mich gelockt.
Ins Wasser hat er mich getrieben.
Den ganzen Tag bin ich darin gesessen.
Fast wäre ich ertrunken.
Eine halbe Leiche bin ich,
sieh mich nur an!

WEBERIN
Nur erwischt hast du ihn nicht, gelt?

ULLERIN
Nein.
Nein! Nein!! Nein!!!
Der ist mir zu mächtig.
Da richte ich nichts aus.

WEBERIN
Ich weiß schon. Ich weiß schon.
Ich hab ihn im Haus.

ULLERIN
Was hast du?

WEBERIN
Die Zeipoth hat ihn ins Haus gebracht.
Beim Schlehenpflücken hat sie ihn gefunden.
Und er hat sich mitnehmen lassen.

ULLERIN
Wie sieht er denn aus?

WEBERIN

Ach, nicht einmal gesehen hast du ihn, Ullerin?

ULLERIN

Gesehen nicht, nein.

WEBERIN

Mal ist er groß, mal ist er klein.
Man weiß nie, wo er steckt.
Einmal ist er der Besen, dann ist er ein Ei.
Alles tut er, was mich erschreckt.

ULLERIN

Was tut er denn, der Goggolori?

WEBERIN

Oft des Nachts, wenn man schlafen möchte,
dann rumort es unterm Dach,
und in der Küche lärmt er recht
und klappert mit dem Geschirr.
Und auf dem Geselchten im Kamin
da schaukelt er her und schaukelt hin,
und wenn er drunten im Keller zecht,
dann macht er erst recht Krach.
Der treibt es so närrisch und so wild,
das hält kein Mensch aus.
Er kräht und schreit und lacht und brüllt
bei Tag und Nacht im Haus.
Er hat vor lauter Übermut
dem Bauern in den Hut gepisst!
Mir hat er die Schuhe mit Kuhmist gefüllt,
das ist wahrhaftig ein Graus!
Er jagt im Hof mit Gick und Gack
die Hennen durcheinander.
Er setzt sich in den Hafersack
und hüpft darin herum.
Er hat sogar ins Butterfass
mir hineingeschissen nur zum Spaß!
Er bindet aus lauter Schabernack

die Kuhschwänze aneinander.
Auf dem Ofen hockt er als Katze
mit Augen wie Feuerglut.
Oft huscht er wie eine große Ratte,
da graust es mir bis aufs Blut.
Zum Fenster fliegt er ein und aus
wie eine schwarze Fledermaus.
Nein, so ein Kobold, so ein Schratt,
der tut im Haus nicht gut.

ULLERIN *(kichert)*

WEBERIN
  Wir haben geräuchert.

ULLERIN *(kichert stärker)*

WEBERIN
  Wir haben gebetet.

ULLERIN *(lacht)*

WEBERIN
  Weihwasser haben wir gespritzt
  in alle Ecken.

ULLERIN *(lacht noch lauter)*

WEBERIN
  Es hat alles nichts genützt.

ULLERIN *(biegt sich vor Lachen)*

WEBERIN
  Du bist die Einzige,
  die helfen kann, Ullerin.

ULLERIN *(plötzlich ernst und böse)*
  Weißt du was, Weberin?
  Steig mir auf den Hut,
  rutsch mir den Buckel hinunter

und leck mich am Arsch
mit deinem Goggolori!

WEBERIN *(zieht einen schweren Geldbeutel hervor)*
Hier ist Geld.
Hörst du, wie es klingelt?
Zehn silberne Taler!

ULLERIN
Ich hab dir's schon gesagt:
Ich will nichts mehr wissen!

WEBERIN *(zählt auf den Tisch)*
Elf. Zwölf. Dreizehn. Vierzehn. Fünfzehn.

ULLERIN
Ich weiß nichts.
Ich habe kein Mittel mehr.
Ich kann ihn dir nicht fangen.

WEBERIN
Sechzehn. Siebzehn. Achtzehn. Neunzehn. Zwanzig.

ULLERIN
Wenn ich dir's doch sage,
es hat keinen Sinn!
Ich bin nur eine ungelehrte
Dorfbaderin!

WEBERIN *(zählt immer langsamer)*
Einundzwanzig. Zweiundzwanzig.
Dreiundzwanzig. Vierundzwanzig.
Fünfundzwanzig.

ULLERIN
Ein Mittel gäbe es noch,
jetzt fällt mir's ein.
Es ist das Letzte, das ich habe,
und das Letzte muss es sein.

WEBERIN
  Nun?

ULLERIN
  Leg noch fünf dazu,
  dann ist es genug.

WEBERIN *(sehr zögernd)*
  Sechsundzwanzig. Siebenundzwanzig.
  Achtundzwanzig. Neunundzwanzig.
  Dreißig.

ULLERIN
  Nein, nein, es ist mir zu gefährlich!

WEBERIN
  Dreißig silberne Taler!
  Für dieses Geld hat der Judas
  sogar unseren Herrgott verkauft.
  Nimm's oder ich trag's wieder heim!

ULLERIN *(streicht hastig die Münzen ein)*
  Hier bleibt's und mein ist es!
  (holt aus einer kleinen Eisentruhe eine kristallene Phiole hervor)
  Das ist der Zauber!

WEBERIN *(weicht zurück)*
  Um Gottes-Christi-Willen!
  Wie kalt es auf einmal wird hier herin.
  Was ist das?

ULLERIN
  Da drin ist ein Stückchen vom Mond!

WEBERIN
  Vom Mond?

ULLERIN

Vor langer Zeit, als die Welt noch jung war,
da war der Mond noch in der Erde drin.
Wäre es so geblieben, dann gäbe es heute längst
kein Gras mehr, keinen Baum, kein Tier und keine Menschen.
Alles wäre verdorrt, versteinert und erstarrt.
Die Welt wäre eine Ödnis, so hart wie Stein.
Darum hat die Erde den Brocken ausgespien:
Da draußen fern am Himmel, da ist er geblieben.
Da kreist er nun bei Tag und Nacht
und möchte gern zurück – und hat dazu keine Macht.
Und weil er jetzt von außen scheint,
darum gibt es das Leben, die Liebe, das heiße Blut.
Doch damals, als es ihn an seinen Ort trug,
da blieb ein wenig zurück da und dort.
Die Trud erkennt es! Und wenn sie es findet und behält,
dann gibt es ihr die größte schwarze Zaubergewalt!
Sieh her: Im Gläschen drin die Finsternis!
Die Kälte fühlst du, die da gefangen ist!
Wenn ich es zerbreche, wenn ich es auf jemanden werfe,
der erstarrt auf der Stelle zu Eis.
Ob Mensch, ob Tier, ob Schratt, mag sein, wer mag,
der rührt sich nicht mehr bis zum Jüngsten Tag!
Triffst aber nicht – und geht dennoch in Scherben,
dann kommt der Schwarze Tod –
und spielt zum Sterben!

WEBERIN

Was sagst du? Die Pest?

ULLERIN

Wohl, wenn ich nicht treffe.
Dann geht sie frei um,
die dunkle Macht,
und packt, wen sie will.

WEBERIN
  Wagst du's etwa nicht, Ullerin?
  Gib's mir, das Gläschen!
  Ich hab dir's schon bezahlt.

ULLERIN
  Was bist du denn für eine?

WEBERIN
  Eh ich mein Kind
  dem Schratt überlasse ...

ULLERIN
  Überleg dir's, Weberin!

WEBERIN
  Gib's her!
  (sie reißt es der Ullerin aus der Hand)
  Der Goggolori wird zerschmettert!

ULLERIN
  Und wenn du nicht triffst?

WEBERIN *(nach einer Pause)*
  Das nehme ich auf mein Gewissen.
  (schnell ab. Ullerin tanzt.)

Fünftes Bild

Spinnstube. Es ist Nacht. Ein paar Kerzen sind aufgesteckt. Sieben Weiber, darunter auch Zeipoth und die Weberin, sitzen im weiten Halbkreis. Jede hat einen Spinnrocken im linken Arm. Mit der linken Hand ziehen sie den Flachs aus dem Ballen, mit der rechten drehen sie den Faden, an dem die Spindel tanzt. Alle kauen ab und zu Schlehen. Auch ein Schnapskrüglein geht unter ihnen herum.

1. BÄUERIN
Heuer ist es schon kalt geworden
lang vor der rechten Zeit.
Die Winde wehen genau von Norden.
Was mag das bedeuten?

2. BÄUERIN
Und wenn ich spinne,
mag ich's gern warm dazu,
mag ich ein schönes Lied,
die Zeit wird sonst lang.

Auf einmal steht der Goggolori mitten unter ihnen. Er ist jetzt ein Männchen etwa von der Größe eines zehnjährigen Kindes. Er trägt das Kleid, das Zeipoth ihm gemacht hat: Einen spitzigen Hut mit einer langen Hahnenfeder und ein Mäntelchen aus Seidenbrokat. Die Bäuerinnen schauen ihn wie gebannt an und fahren fort zu spinnen, während er Flöte spielt und tanzt. Die Spindeln tanzen um ihn her auf dem Boden.

GOGGOLORI
Hopsa! Ridi rudi radi!
Spindel, dreh dich, dreh dich, dreh dich!
Kommt, ich tanze euch vor!
Seid nicht faul und ruht noch weniger,
dreht euch schneller, schneller, schneller,
dreht euch von allein!
Frauen, gebt besonders acht,
dass der Faden nicht reißt!

Hopsa! Ridi radi rummi!
Sieben Spindeln drehn sich,
ja, das gefällt mir wohl!
Die Sonne, der Mond und die Planeten
tanzen droben um die Wette,
sieben an der Zahl!
Und das Schicksal hat dafür gesorgt,
dass der Faden nicht reißt.

Immer wilder und ausgelassener wird sein Tanz. Die Spindeln surren und brummen um ihn her wie Kreisel.

Hopsa! Ridi rudi radi!
Spindel, dreh dich, dreh dich, dreh dich!
Tanze und höre nicht auf!
Eh der Flachs nicht fertig gesponnen,
dreht sich die Erde, dreht sich die Sonne,
spinnt den Lebenslauf.
Bis der Jüngste Tag kommt,
reißt der Faden nicht.

Während der letzten Strophe löst sich die Weberin langsam aus dem Bann, erhebt sich und zieht die Phiole hervor. Sie holt aus, um sie auf den Goggolori zu werfen.

ZEIPOTH *(ängstlich)*
Mutter, Mutter, was tust du?

WEBERIN
Das tue ich für dich!
Hin werden muss er, der Goggolori!

Sie wirft die Phiole nach ihm, aber Zeipoth fällt ihr in den Arm. Der Goggolori ist verschwunden. Dampf steigt von der Stelle auf, wo die Phiole zerbrochen ist, und kriecht über den Boden.

WEBERIN *(in die plötzliche Stille hinein)*
Hab ich ihn getroffen
oder habe ich ihn verfehlt?
(Pause)

1. BÄUERIN
    Was war das?

2. BÄUERIN
    Wo kommt denn der Rauch her?

3. BÄUERIN
    Mir ist ganz schwindelig.

4. BÄUERIN
    Wo ist denn meine Spindel?

5. BÄUERIN
    Die lass in Ruhe, das ist meine!

ZEIPOTH *(ruhig)*
    Was hast du denn da geworfen?
    Was hast du denn da getan?

WEBERIN
    Das musst du nicht wissen!
    Das geht dich nichts an!

1. BÄUERIN
    Ihr habt mir meinen Faden ganz verwirrt!

2. BÄUERIN
    Geh, such ihn dir doch selber zusammen!

3. BÄUERIN
    Jesus, was habt ihr denn da gemacht?

4. BÄUERIN
    Alles ist durcheinandergebracht!

5. BÄUERIN
    Was schreist du denn so, blöde Kuh!

1. BÄUERIN
    Dir geb ich gleich eins drauf!

2. BÄUERIN
Hört auf und gebt jetzt Ruhe!

3. BÄUERIN
Seht sie an, die spielt sich auf!

4. BÄUERIN
Ihr seid eine dreckige Saubande!

5. BÄUERIN
Kreuzteufel, das genügt mir schon!

ALLE
Du böses Weib! Du Ziege!
Du schamlose Metze!
Du fette Sau!
Du erzfalsche Katze!
Jetzt wird es mir doch zu dumm!
Jetzt werde ich handgreiflich.

Alle Weiber prügeln wütend aufeinander ein. Heilloses Durcheinan-
der. Plötzlich fliegen Tür und Fenster auf, ein sausender Windstoß
löscht die Kerzen aus. Dunkel.

Sechstes Bild

Herbstlicher Anger vor einer Kapelle. Alles ist zum Erntedankfest ge-
schmückt mit Herbstblumen und Früchten. Auch einige Strohmandl
stehen herum. Zu den Seiten Krüge, Brot, Schinken, Käse. Bauern und
Bäuerinnen, darunter auch Zeipoth, Irwing, die Weberin und Aber-
win, stehen mit gefalteten Händen und gesenkten Köpfen, alle in Fest-
tagstracht. Das Glöckchen der Kapelle läutet.

ALLE
Unseren Vater im Himmel droben
wollen wir loben,
auch den Sohn und den Heiligen Geist
lobt und preist!
Weil sie uns in ihrer Gnade
reiche Ernte beschert haben,
danken wir in Christi Namen,
Amen.

EINSIEDEL
Unfrieden ist in der Welt.
Von Mitternacht kommt er her, der Schwede,
zieht durchs Land mit Morden und Brennen.
So wie es geschrieben steht
in der Heiligen Schrift
von den vier Reitern, die ausgeschickt werden
als ein Strafgericht vom Herrgott:
Der erste auf einem weißen Ross,
der trägt eine Krone,
der zweite auf einem roten Ross,
der trägt ein Schwert,
der dritte auf einem schwarzen Ross,
der trägt eine Waage,
und der vierte, der vierte auf einem fahlen Ross,
der bringt alles um!
Und warum das?
Weil die Menschen den rechten Glauben nicht mehr haben!

Weil sie abtrünnig sind von der rechten Lehre
und von unserer heiligen Mutter, der Kirche!
Und wo der rechte Glauben nicht ist,
da zieht der Teufel ein mit seiner Heerschar!
Und ihr, Leute von Finning?
Glaubt ihr vielleicht, dass euch das nichts angeht?
Seht euch doch an!
Ja, schämt euch nur!
Unfrieden ist auch unter euch!
Streit habt ihr jeder mit dem anderen!
Gerauft habt ihr! Und gar die Weiber!
Und warum das?
Weil ihr den rechten Glauben nicht mehr habt!
Weil da einige sind, die meinen,
dass es der Goggolori wäre,
der all den Segen bringt,
der euch das Land fruchtbar macht!
Dass die reiche Ernte dieses Jahr
vom Erdmännlein kommt, vom Schlehenhutzel,
vom heidnischen Schratt!
Anathema! Lästerung!
Höllische Lästerung!

WEBERIN
Den Goggolori gibt es nicht mehr,
es hat ihn nie gegeben!

EINSIEDEL
Still bist du, Weberin!
Du vor allem!
(Gemurmel der Leute)
Aber ihr anderen nicht weniger!
Grade am heutigen Tag
wollen wir dem Herrgott danken,
dem einzigen Quell aller Gnaden,
der uns so reich beschenkt hat
der uns das tägliche Brot gibt
in Fülle und Überfluss!

Tuet Buße, ruft Sankt Johannis Batista,
und ich sage es euch nochmals:
Tuet Buße! Kehrt um zum rechten Glauben!
Lasst euch nicht ein mit dem Höllengesindel
und glaubt keine heidnischen Lügen!
Tuet Buße, Leute von Finning!
Auf dass Gott euch verzeiht
in seiner großen Barmherzigkeit.
Und wie unser Herr und Heiland gesagt hat:
Wenn man euch auf die rechte Wange schlägt,
so haltet auch die linke hin,
also müsst ihr euch versöhnlich zeigen am heutigen Tag,
und euch vertragen in Gottes Namen.
Gebt euch den Bruderkuss
und danket aus tiefstem Herzen
unserem Erlöser Jesu Christ, Amen.
*(er weiht die aufgestellten Gaben. Alle umarmen und küssen sich
feierlich auf beide Wangen.)*

FRAUEN
Heilige Jungfrau, sei uns nah,
Maria!
Heilige Mutter Gottes, dir
danken wir.

ALLE
Deiner Fürbitte eingedenk
Gott, wenn er uns reich beschenkt.
Bitt für uns in Christi Namen,
Amen.

MÄNNER
Was wir, Herrgott, bringen hier,
ist von dir.
Unser Opfer schau alsdann
gnädig an!

ALLE
Weil wir doch nichts anderes haben,
opfern wir von deinen Gaben.
Nimm sie an in Christi Namen,
Amen.

Die Zeremonie ist beendet. Alle setzen sich zum Schmaus auf den Anger. Fröhliches Stimmengewirr. Auch der Einsiedel setzt sich dazu.

WEBERIN *(fiebrig)*
Und jetzt spiel auf, Aberwin!
Heut möchte ich tanzen!
Komm, Irwing! Lustig, Mann!
Auf geht's!

Viele tanzen, die Weberin wild und ausgelassen mit Irwing.

IRWING
Was bist du denn so närrisch, Weib?
Hast du das Rossfieber?

WEBERIN
Frei sind wir! Frei sind wir, Irwing!

IRWING
Ich weiß nicht, was du meinst.
Das ist nicht gut.
Und mir ist schon gar nicht
nach Tanzen zumut.

Irwing geht beiseite und setzt sich. Die Weberin tanzt bis zum Ende der Musik weiter und trinkt dann gierig aus einem Krug.

ABERWIN *(geht fiedelnd zum Einsiedel und singt)*
Einsiedel, magst du nicht tanzen?
Ich geb dir auch ein Ei.
»Nein, nein, ich kann nicht tanzen,
und gäbst du mir auch zwei.

Es gehört sich nicht, es schickt sich schlecht,
dass unsereiner tanzen möchte,
und tanzen kann ich nicht.«
Einsiedel, möchtest du nicht tanzen?
Ich geb dir auch eine Kuh.
»Nein, nein, ich kann nicht tanzen,
und gäbst du mir einen Stier dazu.
Es gehört sich nicht, es schickt sich schlecht,
dass unsereiner tanzen möchte,
und tanzen kann ich nicht.«
Einsiedel, magst du nicht tanzen?
Ich geb dir auch ein Weib!
»Ja, ja, ich kann schon tanzen,
das ist mein Zeitvertreib!
Ja, wenn sich ein schönes Mädchen dreht,
da tanz und hüpf ich früh und spät,
dass die Kutte in die Höhe weht!«

(allgemeines Gelächter)

EINSIEDEL (lustig)
Ja du Spitzbub, du spaßiger,
gib nur acht!
Dir werde ich gleich ein Weibchen geben!
Habt ihr's schon gehört, Leute von Finning,
was der Weberbauer, der Irwing, beschlossen hat?
Die Zeipoth und der Aberwin
werden nächstens ein Paar!
(großer Jubel, auch Spottgelächter)

EINE BÄUERIN
Habt ihr gar keinen Besseren gefunden?

EIN BAUER
Ist er schon bei ihr gelegen?

EIN ANDERER
Habt ihr schon um die Hebamme geschickt?

130

WEBERIN *(ärgerlich)*
    Nein, nein, das alles
    ist noch nicht ausgehandelt!

MEHRERE
    Tanz vor, Aberwin!
    Den Siebensprung!

Aberwin tanzt, die Bäuerinnen und Bauern treiben ihn mit »Hopp! Hai!« an.

ALLE
    Tanzen wir den Siebensprung!
    Tanzen wir alle sieben!
    Wer den Tanz nicht tanzen kann,
    ist kein rechter Bauersmann:
    Der erste!
    Der zweite!
    Der dritte!
    Der vierte!
    Der fünfte!
    Der sechste!
    Der siebte!

Plötzlich wird es sehr rasch dunkel, der Himmel wird schwarz von Wolken. Plötzlicher Sturmwind. Es blitzt und donnert. Ein Strohmandl fängt an, sich zu drehen und zu wirbeln. Alle stehen erstarrt. Das Strohmandl ist der Goggolori, der mit zwei Knochen auf einem Totenschädel trommelt.

GOGGOLORI
    Rattaplan rattabum! Rattaplan rattabum!
    Ein anderer Schnitter geht jetzt um,
    der wird euch ernten zuhauf!
    Er trägt ein kohlpechschwarzes Kleid,
    seine scharfe Sense schneidet und schneidet,
    und keiner hält ihn auf!
    Rattabum rattaplan! Rattabum rattaplan!

Jetzt geht die große Ernte an,
das wird ein anderes Fest!
Viele Gräber werden gegraben bald,
und viele von euch der Schnitter holt,
der Schnitter nennt sich Pest!
Heut ist Tanztag,
morgen ist Angsttag,
übermorgen geht's Sterben an
für Bauer, Pfaffe und Edelmann!
Huiraxdax, rattaplax!
Macht euch bereit!

EINSIEDEL *(tritt vor, hebt das Kreuz hoch)*
Apage, Satanas!
Hebe dich hinweg, heidnischer Lügengeist!
Ich befehle es
im Namen des Dreieinigen Gottes!

Der Goggolori packt Zeipoth und fährt mit ihr davon. Blitz und Donner.

ABERWIN
Zeipoth! Zeipoth!
(er rennt hinterher)

IRWING *(flüstert)*
Das war er, der Goggolori!

WEBERIN
Irwing, jetzt hat er sie doch geholt!
(sie wankt)

IRWING *(schlägt die Hände vors Gesicht)*

WEBERIN *(fällt plötzlich zu Boden)*

ALLE *(flüsternd)*
Die Pest! Die Pest! Fasst sie nicht an!
Der Schwarze Tod!

Alle weichen entsetzt zurück und fliehen. Nur Irwing und der Einsiedel bleiben bei der Toten, der Einsiedel kniet sich zu ihr.

IRWING
   Steh auf, Weib!
   Steh doch auf!

EINSIEDEL
   Nein, Irwing.
   Die steht nicht mehr auf.
   (er macht das Kreuzzeichen über ihr und betet)

IRWING
   Um Gottes-Christi-Willen!
   Was haben wir angerichtet?
   Jetzt zahlt er's uns heim,
   der Goggolori.

Siebentes Bild

Nacht. Eine verschneite Wiese, darauf ein Grabhügel. Der Wind geht kalt. Irwing, bleich und gebückt, steht vor dem Grab.

IRWING
    Ach, Weib, mein Weib, was ist mit dir?
    Was treibt dich um? Was willst du von mir?
    Dass du gar keine Ruhe findest im Grab,
    seit ich es dir geschaufelt habe,
    dass du wiederkommst nachtein, nachtaus
    und umgehen musst im ganzen Haus
    und weinst und jammerst – Weib, mein Weib,
    dass es mir schier das Herz abdrückt im Leib?
    Wenn es etwas gibt auf dieser Erde,
    dass es dir da drunten leichter wird
    und was ich für dich in Ordnung bringen könnte,
    dann sag mir's an, mach mir's bekannt.
    (die Glocke schlägt dreimal)
    Ach, Weib, mein Weib, ist es aber so,
    dass du Sehnsucht hast nach mir, deinem Mann,
    dass du nicht gern allein eingehen willst
    zur ewigen Ruhe in Gott dem Herrn,
    dann musst du nicht mehr lange warten, Frau –
    ich fühl's im Herzen drin genau.
    Die Zeipoth ist fort. Das Haus ist kalt.
    Ich bin allein. Ich komme schon bald.
    (er zieht einen Rosenkranz aus der Tasche)
    Du warst mir Last und Stab zugleich,
    so gehn wir miteinander ins Himmelreich.
    (er beginnt leise zu beten)
    Vater unser, der du bist im Himmel,
    geheiligt werde dein Name,
    zu uns komme dein Reich, dein Wille …

Zeipoth, im gleichen Festtagskleid wie im vorigen Bild, kommt lang-
sam wie eine Schlafwandlerin über die Schneefläche. Hinter Irwing
bleibt sie stehen und schaut sich verwirrt um, als ob sie eben aufwacht.

ZEIPOTH
Wo bin ich hier?

IRWING *(erkennt sie, mit erstickter Stimme)*
Zeipoth! Ja, Zeipoth!

ZEIPOTH
Vater! Vater Irwing!
(sie stürzt in seine Arme)

IRWING *(liebkost sie)*
Zeipoth, mein Mädchen!
Bist du zurückgekommen!
Mein liebes Mädchen,
was ist dir geschehen?

ZEIPOTH
Mir ist, als ob ich geträumt habe
einen langen, heimlichen Traum.
Ich war in einem goldenen Garten,
da hab ich müssen warten
weit außer Zeit und Raum.
Es ist nicht in der Welt gewesen
und doch nicht aus der Welt.
Alles war voll Lust und Leben,
da hat es keinen Tod gegeben,
kein Dunkel und keine Kälte.
Da war der Goggolori
in seiner wahren Gestalt.
Da sitzt er auf dem Throne,
trägt eine Blätterkrone,
hat königliche Gewalt.
Er hat mich unterwiesen
und hat mich so viel gelehrt.

Da hab ich erst erfahren,
dass ihn seit tausend Jahren
ein tiefer Gram verzehrt.
Dann hat er mich entlassen
und hat mich heißen gehn.
Alles ist vor mir verschwunden,
ich hab mich wiedergefunden
in Nacht und Wind und Schnee.

IRWING
Und was hat er dich gelehrt,
der Goggolori?

ZEIPOTH
Sein allertiefstes Geheimnis
hat er mir aufgetan:
Dass er nicht sterben kann.
Und dass er deswegen
nie in die ewige Seligkeit
eingehen darf wie wir Menschen
ans Ende der Welt.
Weil nur der, der der Gnade
des Todes teilhaftig wird,
dermaleinst selige Urständ erlebt.

IRWING
Das hat er gesagt?

ZEIPOTH
Ja, und dabei hat er geweint,
dass es mir fast das Herz gebrochen hat.
Und noch etwas hat er gesagt:
Sterben könnte er nur, hat er gesagt,
wenn ein Mensch um seinetwillen
auf seine ewige Seligkeit verzichtet
und ihm seinen Tod schenkt aus Liebe.
Aber das, hat er gesagt,
wird niemals geschehen.

IRWING
Das hat er gesagt?

ZEIPOTH
Ja, Vater. Aber indem er es preisgegeben hat,
sein Geheimnis,
hat er zugleich seine Zaubergewalt verloren
und hat keine Macht mehr
in unserer Welt.
Das hat er gesagt.

IRWING
Und hat er das auch gesagt,
dass er den Schwarzen Tod
in unser Land geschickt hat
und dass viele Menschen in Finning
daran gestorben sind?

ZEIPOTH
Was sagst du, Vater?
Das kann nicht sein!
Das hat nicht der Goggolori getan!

IRWING *(zeigt auf das Grab)*
Dort unten, Zeipoth,
liegt eine, die es bezeugen kann!

ZEIPOTH *(schlägt das Kreuzzeichen)*
Ein Grab?
Wer liegt da drin?

IRWING
Die Mutter.

ZEIPOTH *(nach einer Pause)*
Ich versteh's nicht
und sollte es doch verstehen.
Lang bin ich fort gewesen.
Wie lang?
(die Uhr schlägt zwölfmal)

IRWING
Viermal ist der Mond neu geworden.

ZEIPOTH
Finster ist's auf der Welt.
Ich sehe es nicht mehr,
was wahr ist.

Der Geist der Weberin, ganz in schwarze Tücher gewickelt, erscheint auf dem Grabhügel, weint und schluchzt leise und verzweifelt.

ZEIPOTH
Mutter! Mutter!
Um Gottes Barmherzigkeit!

GEIST DER WEBERIN
Die Silbertaler –
wasch's ab, das Geld, weil es blutig ist!
Ich muss zählen, ob sie stimmen,
und kann's nicht in der Finsternis.
Sie sind nicht mehr da!
Wo ist das Geld? Ich habe mich geirrt!
Die Hände sind mir gebunden,
die Fäden sind so arg verwirrt.
Ich bin drin gefesselt –
ich muss sie erst auseinanderknüpfen.
Ich kann sie nicht finden,
die Hände sind so klamm, zu eng ist der Raum.
Allein bin ich,
wer hört mein Weinen, hört meine Klage?
Zu Ende bringe ich nicht mehr
die Arbeit, bis zum Jüngsten Tag!

ZEIPOTH
Mutter! Hörst du mich nicht?
Ich bin's, die Zeipoth.
Red! Sag was dich umtreibt.

GEIST DER WEBERIN

Mein Kind! Mein Kind!
Bete für mich, dass ich Frieden finde!
Ich habe dich retten wollen vor dem wilden Schratt.
Ich habe Unheil gebracht über Land und Stadt.
Von der Hexe hab ich ein Stückchen vom Mond gekauft.
Mit dreißig Silberlingen habe ich sie entlohnt.
Ich wollte, dass der Goggolori verreckt,
aber er hat es gemerkt und sich schnell versteckt.
Darum habe ich den Brocken ins Leere geworfen,
und die Pest ist daraus frei geworden und hat alle gemäht,
und das wusste ich und war dennoch still,
und zu Recht hat es mich als Erste weggerissen.
Verflucht war der Handel! Verflucht war der Preis!
Als ich sagte, das nehme ich auf mein Gewissen!
Da liegt es nun und brennt mich wie das ewige Eis.
Ich hab das verschuldet! So groß ist meine Sünde!
Du sage es allen Leuten, wie es zugegangen ist!
Auf dass mir die Wahrheit möge leuchten in der Finsternis!

ZEIPOTH

Mutter! Sag mir nur dies:
Was hat dir der Goggolori getan,
dass du ihn hast umbringen wollen?

GEIST DER WEBERIN

Das musst du den Vater, den Irwing, fragen,
der wird dir jetzt die Wahrheit sagen müssen.
Ich kann nicht mehr bleiben – es zieht mich fort –
ich muss Silberlinge zählen, sonst sind sie nicht mehr da –
ich muss Fäden entwirren im finsteren Raum –
die Fäden – ich muss sie auseinanderknüpfen –
(sie verschwindet)

ZEIPOTH
  Vater Irwing,
  welche Feindschaft
  habt ihr gehabt
  mit dem Goggolori?

IRWING *(schüttelt langsam den Kopf und setzt sich müde auf den Grabhügel)*
  Keine Feindschaft.
  Alles, was wir haben,
  verdanken wir ihm.
  Er hat das Land
  uns fruchtbar gemacht,
  ist immer gut
  und freundlich gewesen.
  Reich sind wir geworden
  durch seine Macht.
  Dir hat er sogar
  das Leben gerettet
  und dich geschützt
  vor dem Schwarzen Tod.
  Jetzt seh ich's ein.
  Und wenn er dich
  auch behalten hätte,
  es wäre zu Recht gewesen:
  Denn du gehörst ihm.

ZEIPOTH
  Was sagst du, Vater Irwing? Ich?

IRWING
  Ja, Zeipoth, du!
  Du warst ihm verlobt,
  ehe du noch
  auf die Welt gekommen bist.
  Das haben wir geschworen,
  das war der Preis
  für unser Glück.

Wir haben's dir nie
sagen mögen.
Er hat ihn gehalten,
den Vertrag.
Nur uns hat es gereut.
Vergolten haben
wir es ihm zuletzt
mit Lug und Trug.
So haben wir alles
ins Unheil gebracht.

ZEIPOTH
Dem Goggolori bin ich versprochen?
Und bin doch dem Aberwin verlobt!
Der Aberwin! Lebt er noch?
Wo ist er?

IRWING
Weit ist er fort,
weiß niemand, wo.
Er sucht nach dir
im ganzen Land.
Lang haben wir nichts mehr von ihm gehört,
und ob er lebt,
ich kann's nicht sagen.
Jetzt weißt du alles.
Ich möchte nach Hause.
Ich bin so müde.
Mit mir ist es aus.

Irwing bleibt reglos sitzen, mit dem Rücken an das Grabkreuz gelehnt.
Man hört nur noch das Sausen des Windes.

ZEIPOTH
Vater?
Vater, wem
gehöre ich denn jetzt?

IRWING *(schweigt)*

ZEIPOTH
  Was soll ich jetzt tun?
  Sag mir, was recht ist!

IRWING *(schweigt)*

ZEIPOTH
  Irwing-Vater!
  Willst du nicht reden?
  Ein Wörtchen nur!

IRWING *(schweigt)*

Achtes Bild

Wirtsstube. Nacht. Unheimlich flackerndes Licht von Kienspänen. Im Hintergrund sitzen an der Wand entlang hinter Tischen Bauern und Bäuerinnen, es sind die Überlebenden der Pest und Kriegsflüchtlinge. Unter ihnen eine Frau, die ein in Decken gewickeltes Kind im Arm hält. Bierkrüge auf den Tischen. Rechts im Vordergrund sitzt die Ullerin, über und über mit Gold- und Silberschmuck behängt, mehrere Ringe an jedem Finger. Sie ist stark betrunken und spielt Karten mit einem fremden Soldaten, der die Hahnenfeder des Goggolori (aus dem Spinnstubenbild) an seinem Schlapphut trägt. Auf ihrer Seite des Tisches liegt schon ein Haufen Geld.

BÄUERINNEN UND BAUERN
  So dumpf ist die Luft,
  dass man sie schneiden kann.
  Etwas Ungutes geht vor,
  das fühle ich gewiss.
  Der fremde Soldat,
  woher kommt er?
  Er spielt mit der Trud
  schon zwei, drei Stunden.
  Das sieht doch jeder,
  kannst sagen, was du willst:
  Die Ullerin hat
  die Karten verhext.
  Ja, merkt der denn nicht,
  dass etwas nicht stimmt?
  Seid still, Leute, seid still,
  dass euch die Hexe nicht hört.

SOLDAT
  Farbe möchte ich sehen!

ULLERIN
  Und Trumpf siehst du!

SOLDAT
  Einen Trumpf hab ich auch!

ULLERIN
  Schon gestochen, ha ha!

SOLDAT
  Es regiert der Infant!

ULLERIN
  Den nehme ich dir mühelos.

SOLDAT
  Jetzt kommt die Sau im Galopp!

ULLERIN
  Aber ich steche sie dir ab!
  Hi hi hi hi!

Die Ullerin streicht den Einsatz ein, zählt, häufelt auf.

ULLERIN *(steht schwankend auf)*
  Siehst du's, Soldat!
  Mit der Ullerin nimmt es keiner mehr auf!
  Groß ist sie geworden, und groß ist ihre Macht.
  Gibst du's zu, Soldat?

SOLDAT *(schaut sie mit zornfunkelnden Augen an)*
  Bläh dich nicht so auf, giftige Kröte!

ULLERIN *(lacht ihm ins Gesicht)*
  Du wirst dich schon noch vor mir bücken!
  Was ich sage, das geschieht!
  Vorbei sind die Zeiten,
  wo der Ober den Unter sticht!
  (sie trinkt einem Bauern das Bier aus)

Man hört von der Straße her trommelnde Soldaten vorbeimarschieren, erst weit weg, dann immer näher kommend und sich wieder entfernend.

SOLDAT
  Was saufst du den Leuten ihr Bier aus,
  du unverschämte Metze!
  Hast du es vielleicht bezahlt?

ULLERIN *(immer betrunkener)*
  Bezahlt?
  Ich brauche schon nichts zu bezahlen!
  Gelt, Leute, ist es nicht wahr,
  dass ihr mich eingeladen habt?
  (die Leute ducken sich und schweigen)
  Siehst du's Soldat?

SOLDAT
  Eines sehe ich:
  Dass sie Angst haben vor dir.

ULLERIN
  Und du, Soldat?
  Willst du etwa sagen,
  dass du keine hast?
  Möchtest du am Ende noch einmal spielen?

SOLDAT
  Ausgeraubt hast du mich, habgierige Hure!

ULLERIN
  Ich werde dir schon die Hosen herunterlassen!
  Dass du es lernst, Soldat,
  wo der Bartel den Most holt.
  Spielen wir!

SOLDAT
  Um was nun?

ULLERIN
  Um deinen Hut mit der Hahnenfeder!

SOLDAT
Nein, den bekommst du nicht,
du aufgetakeltes Huhn!

ULLERIN *(grinsend)*
Hosenscheißer!
Hast du keinen Mut, wie?
(die Trommeln verklingen in der Ferne)

SOLDAT
Was würdest du denn dagegen setzen?

ULLERIN *(lauernd)*
Dreißig Silbertaler!
Genau die, auf die du so begierig warst.

SOLDAT
Und wer sie dir gegeben hat
und wofür, das sagst du auch?

ULLERIN
Wenn du's gewinnst, das Spiel,
dann sag ich's.

SOLDAT
Spielen wir!
(er gibt Karten)

BÄUERINNEN UND BAUERN
Da braut sich was zusammen.
Das gibt gleich einen Streit!
Ich wäre lieber fort
zehn Tagereisen weit.

ULLERIN *(triumphierend)*
Vöglein, Vöglein, jetzt
hab ich dich im Netz!
Ich werde dir die Federn ausreißen,
nie wieder wirst du fliegen!
(sie bläst ihn an. Das Spiel beginnt.)

BÄUERINNEN UND BAUERN
Jetzt ist er verloren!
Einen Zauber hat sie getan!
Gegen die höllische Gewalt,
da kommt er nicht an!

Der Einsiedel kommt zur Tür herein, hinter ihm Zeipoth. Der Soldat hält im Spiel inne und schaut Zeipoth an.

EINSIEDEL *(laut)*
Ullerin!

ULLERIN *(dreht sich nach ihm um, mustert ihn, wendet sich wieder zum Soldaten)*
Spiel weiter, Soldat!
Der kümmert mich nicht,
der alte Kuttenpisser.
Spiel aus!

EINSIEDEL *(noch lauter)*
Ullerin!

ULLERIN *(ohne sich umzuwenden)*
Was schreist du denn so?
Ich bin doch nicht taub.
(spielt weiter)

Man hört von der Straße her trommelnde Soldaten vorbeimarschieren, erst weit weg, dann immer näher kommend und sich wieder entfernend. Es sind diesmal mehrere Militärtrommeln, der Marsch ist lauter als das erste Mal.

EINSIEDEL
Reich bist du geworden von der Pest.
Sie ist dir gerade recht gekommen!

ULLERIN
Und noch einmal Trumpf!

EINSIEDEL
  Die Ringe an deinen Fingern,
  das Geschmeide überall,
  das hast du den Leichen gestohlen!

ULLERIN
  Und gestochen, hä hä!

EINSIEDEL
  Ullerin, ich rede mit dir!

ULLERIN
  So?
  Du redest mit mir,
  stinkender Weihwasserpanscher,
  aber ich rede nicht mit dir!

EINSIEDEL *(hebt die Faust, hält inne, bekreuzigt sich)*
  Heilige Gottesmutter,
  hilf mir gegen die Todsünde des Zorns!

ULLERIN *(wütend)*
  Hältst du wohl dein Maul,
  heimtückischer Hund, du!
  Mach, dass du fortkommst,
  ich rate es dir im Guten!
  Sonst wirst du mir deine Falschheit büßen!
  Als Leichenfrau und Baderin
  hab ich Salben verkauft und Kräutlein
  und heilsamen Balsam für die Kranken,
  und die Toten hab ich fürs Grab zubereitet.
  Die Sachen, die ich habe,
  sind mein redlicher Lohn!
  Und jetzt verdrück dich, Betbruder,
  damit wir spielen können!
  Trumpf!
  (die Trommeln verklingen in der Ferne)

EINSIEDEL
Du, Ullerin, du
hast sie gerufen, die Pest!
Du hast das unheilige Gläschen
mit der Höllenfinsternis drin
der Weberin gegeben
für den Judaslohn!
Du bist eine Hure des Teufels,
eine Sukkubin,
eine Hexe bist du,
eine Zaubertrud,
und dafür, Ullerin,
bringe ich dich vor ein geistliches Gericht,
und wenn ich dich schleifen müsste
an deinen Haaren
durchs ganze Bayernland!

ULLERIN *(springt auf, umkreist ihn mit Zaubergebärden)*
Zitu! Zitu! Asmodi!
Tenebrorum spiriti!
Gargafax va Lewiatan,
legt dem Feind catena an!
Lingua ferma! Corpus ditu!
Bocca, bocca, zitu, zitu!

Der Einsiedel steht starr mit offenem Mund. Die Ullerin stopft ihm eine tote Ratte hinein, deren Schwanz heraushängt.

ULLERIN
Ich werd's dir schon stopfen,
dein Lügenmaul!
Schluck sie hinunter, die Ratte,
oder erstick dran!
(sie lacht)
Und die Pest hat der Goggolori gebracht,
oder sagt einer was anderes?
(Totenstille)

ULLERIN *(während sie die letzte Karte auf den Tisch drischt)*
Und dies ist der letzte Trumpf – Soldat!
(sie reißt ihm den Hut vom Kopf, setzt ihn sich auf und stolziert torkelnd in der Stube umher, sauft einem anderen Bauern das Bier aus)

SOLDAT
Höllenteufel!
Du hast die Karten verzaubert,
Luder, du falsches!

ULLERIN *(hämisch)*
Seht mal den an!
Gerade er redet vom Zaubern!
Kannst dich nicht wehren, wie?
Gehorchen sie dir nicht mehr, die Honigvöglein?
Hast du keine Gewalt mehr?
Bin ich dir zu groß geworden, wie?
Meinst du etwa, ich weiß nicht, wer du bist?
Die anderen kannst du täuschen mit deiner Maskerade,
mich nicht – Goggolori!

DIE LEUTE *(stoßen einen dumpfen Stoßseufzer aus)*
Haaaa!

SOLDAT
Gut, Ullerin,
dann spielen wir nun den letzten Tarot.
Spielen wir um die Macht.

Man hört von der Straße her trommelnde Soldaten vorbeimarschieren, erst weit weg, dann immer näher kommend und sich wieder entfernend. Es sind diesmal viele Militärtrommeln, der Marsch klingt sehr laut und drohend.

ULLERIN *(grinst)*
Hast ja sowieso keine mehr.
Gehört schon ganz und gar mir.

Du kannst nichts mehr einsetzen,
weil du nichts mehr hast.

ZEIPOTH
Etwas hat er noch.
Mich.

SOLDAT
Zeipoth! Zeipoth!

ULLERIN *(schaut zwischen ihnen hin und her)*
Es gilt schon!
Wenn du's verlierst, das Spiel,
musst du für alle Zeiten mein Knecht werden,
dann gehörst du mir und alles, was du regierst.
Und die Zeipoth auch,
sie muss meine Magd sein und selber
eine Hexe werden wie ich!

ZEIPOTH
Und wenn du es verlierst?

ULLERIN
Ha ha, Mädchen, das geschieht nicht!
Wenn ich's verliere,
das ist geschworen beim höllischen Thron,
verliere ich zugleich meine Hexenkraft
und gehe fort und kehre nie mehr zurück!

ZEIPOTH *(stellt sich zum Soldaten, nickt ihm zu)*
Es muss sein.
(die Trommeln verklingen in der Ferne)

ULLERIN
Wartet!
Wollt ihr mich betrügen, ihr zwei?
Das wird euch nicht leicht gelingen.
(sie nimmt sich ein Auge heraus, legt es auf den Tisch vor Zeipoth)
Dieses Auge wird dich bewachen,
damit du dich still hältst!

(sie schnallt sich ein Bein ab, stellt es neben den Soldaten)
Dieses Bein, das stößt dich in den Arsch,
wenn du's versuchst.
Und diesmal gebe ich aus!
(sie gibt sich und dem Soldaten je sieben Karten)
Eins – zwei – drei – vier – fünf – sechs –
sieben. – Auf geht's! *(sie spielt aus)*

ULLERIN
Ein »Narr« – ist, der nichts weiß.

SOLDAT
»Die Welt« – die ist eben größer.

ULLERIN
»Der Teufel« – der kann alles!

SOLDAT
»Der Tod« – der kann's noch besser!

ULLERIN
»Der Gehenkte« – der wiegt schwer.

SOLDAT
»Der Mut« – der trägt noch schwerer.

ULLERIN
»Das Glücksrad« – dreht sich schnell.

SOLDAT
»Der Weise« – der sieht mehr.

ULLERIN
»Der Wagen« – bedeutet den Sieg!

SOLDAT
Nur »die Liebe« – die steht noch drüber.

ULLERIN
»Der Kaiser« – der befiehlt.

SOLDAT
»Die Kaiserin« – tut's noch lieber.

ULLERIN
»Die Päpstin« – die weiß viel.

SOLDAT
»Pagad ultimo« gewinnt das Spiel!

Die Ullerin fährt auf, rasend vor Wut, schmeißt die Karten in die Luft,
wirft den Tisch um.

ULLERIN
Hagazussa! Hagazussa!
Alles muss jetzt hin werden!

Der Einsiedel spuckt die Ratte aus, bewegt sich, sinkt keuchend auf die
Bank nieder. Er ist frei.

ULLERIN *(sieht es, plötzlich jämmerlich, voll Angst)*
Verspielt hab ich!
Aus ist's! Barmherzigkeit!
Ich bin nur ein armes altes Weiblein.
Tut mir nichts!
(sie hüpft zur Tür, dreht sich um; zaghaft)
Komm, Auge, komm!
(das Auge rührt sich nicht)
Komm, Bein, komm!
(der Fuß bewegt sich nicht)
Lasst mich hinaus, ich bitt recht schön!

SOLDAT *(schreit ihr nach)*
Im Sumpf sollst du ersaufen!
Und diesmal geschieht es!
(er lacht und wirft ihr das Auge nach)
Hex! Stoß sie in den Arsch!
(der Fuß läuft der Ullerin nach und tritt sie. Sie humpelt heulend
davon. Ihr Geschrei verklingt.)

Zeipoth, Zeipoth, Mädchen liebes,
das vergesse ich nimmer.
Die größte Zaubermacht der Welt
trägst du im Herzen drin.

ZEIPOTH
Du hast mir das Leben geschenkt,
hast mich verschonen wollen,
darum schenke ich dir jetzt meinen Tod,
will deine Liebe dir lohnen.

EINSIEDEL
Zeipoth, was redest du da?
Du verhandelst deine ewige Seele
gegen irdisches Glück!

ZEIPOTH
Nicht für irdisches Glück,
aber weil es recht ist
und weil ihm Recht werden muss!
Einlösen will ich den Eid,
den mein Vater ihm geschworen hat.
Gutmachen will ich an ihm,
was meine Mutter ihm schaden wollte.
Und der Herr Einsiedel soll mir sagen,
dass ich recht tue!

EINSIEDEL
Zeipoth, was geht es dich an,
ob der selig wird dermaleinst?
Der Herrgott weiß schon, was er tut!
Aber du verpfändest dein Seelenheil!
Schwöre ab von deinem Begehren!

ZEIPOTH
Ich habe meinen Liebsten verloren,
habe nichts mehr auf dieser Welt.
Und die andere ist mir verleidet.

EINSIEDEL
  Du frevelst, Zeipoth!
  Wer an den Fluch rührt,
  den packt er!

ZEIPOTH *(hebt die Hand zum Schwur)*
  Und schwören will ich es
  zur Stunde und für alle Zeit
  vor dem Angesicht
  der allerheiligsten Dreifaltigkeit:
  Abtun will ich von mir, was mich bindet!
  Dem Goggolori schenke ich meinen Tod,
  auf dass er erlöst wird aus seiner Not,
  und damit er einst selige Auferstehung findet.
  Und gelten soll, was ich sage,
  wenn ich auch weben müsste
  den Kronschleier unserer Lieben Frau
  aus Sonnenlicht und Mondentau
  von heute an bis zum Jüngsten Tag!

EINSIEDEL
  Das kann dir niemals vergeben werden!
  Dein Urteil, Zeipoth –
  du selbst hast es dir jetzt gesprochen.
  (er setzt sich weinend nieder)

SOLDAT *(leise, feierlich)*
  Komm, Zeipoth, die Zeit wird lang!
  Zeig mir den letzten Gang.
  Zeig mir, wie's Sterben geht,
  dass man einst aufersteht:
  Schenk mir deinen Tod!

Aberwin kommt herein. Er ist abgerissen und verletzt.

ABERWIN
  Zeipoth! Zeipoth! Bist du am Leben!
  Hab ich dich doch noch gefunden!

ZEIPOTH

Aberwin – mein lieber Bub!
Wer hat dich so zerschunden?

ABERWIN

Der Schwede hat' mich schon gefangen,
gerade bin ich noch entkommen.
Von allen Seiten zieht er herbei,
alle Dörfer weitum brennen.
Er metzelt Weiber und Kinder ab,
da wird keine Gnade gegeben.
Komm, Zeipoth, flüchten wir zusammen,
und retten wir das nackte Leben!

ZEIPOTH

Ich kann jetzt nicht mit dir gehen und nie.
Zu spät kommst du, mein lieber Bub.
Mein Leben – dem Goggolori gehört's
und auch mein Tod dazu.

ABERWIN

Woißt du noch, was wir damals geträumt haben?
Dass wir ewig zusammengehören,
du und ich, wir zwei.
Du hättest sollen die Meine werden,
du und ich, wir zwei.
Jetzt habe ich dich gefunden
und du stehst vor mir,
nur damit ich dich jetzt erst
auf ewig verliere.
Jetzt sind wir allein – alle zwei.

ZEIPOTH

Nur der Abschied bleibt uns noch,
dir und mir, uns zwei.
Das Schicksal hat es nicht so gewollt
wie du und ich, wir zwei.
Uns bleibt nur das letzte
Behüt-Gott noch zu sagen.

Ich werde dich auf ewig
im Herzen tragen.
Jetzt gehen wir allein – alle zwei.

Der Tod mit Krone und Sense erscheint als riesige Figur im Hinter-
grund und beginnt zu muhen. Zeipoth führt den Goggolori zu ihm,
der Goggolori verschwindet in den Mantelfalten des Todes. Zeipoth
bleibt mit ausgebreiteten Armen vor dem Tod stehen und hält ihn so
zurück.

Die Frau mit dem Kind beginnt leise zu singen. Während das Licht
langsam erlischt, fallen mehr und mehr Stimmen ein, das Lied steigert
sich, man glaubt das Rollen von Wagenrädern zu hören, den Marsch-
tritt von Soldaten, das Brausen der Feuersbrunst. Wenn das Lied ver-
klungen ist, bleibt nur noch der Ton einer Äolsharfe übrig.

EINE BÄUERIN
    Betet, Kinder, betet!
    Morgen kommt der Schwede!
    Morgen kommt der Ochsenstern,
    wird die Kinder beten lehren.
    Betet, Kinder,
    betet, Kinder,
    betet, Kinder, betet!

ABERWIN
    Rumpedibum,
    der Schwede geht um.
    Rumpedibum,
    der Schwede geht um.
    Mit Händen und mit Füßen,
    mit feurigen Spießen,
    hat die Fenster eingeschlagen,
    hat das Blei fortgetragen,
    hat Kugeln daraus gegossen,
    hat die Bauern erschossen,
    hat die Knaben gehenkt,
    hat die Mädchen ertränkt.

BAUERN

Die Welt ist in Not!
Auf Erden reitet der Tod.
Der Tod reitet auf einem kohlschwarzen Rappen.
Er trägt eine undurchsichtige Kappe.
Wo immer Soldaten zum Kriege marschieren,
da tut sein Ross daneben galoppieren.

ALLE

Betet, Kinder, betet!
Morgen kommt der Schwede!
Morgen kommt der Ochsenstern,
wird die Kinder beten lehren.
Betet, Kinder, betet!

Epilog

Es wird langsam hell auf der Bühne. Hinter einem Schleiervorhang sitzt Zeipoth allein an einem riesenhaften Webstuhl und webt. Sie ist weiß und grau, aber alterslos.

Links und rechts vom Bühnenrahmen stehen drei Männer und drei Frauen, zunächst nur als schwarze Silhouetten sichtbar. Während des Abgesangs wird das Licht auf der Hinterbühne immer schwächer, das auf der Vorderbühne immer stärker, sodass der Schleiervorhang langsam undurchsichtig wird. Er sieht aus wie ein kostbares, silberweißes Brokatgewebe voller Pflanzen- und Tierformen.

1. VORSÄNGERIN
Und das himmlische Glück und das irdische Glück,
die zwei gehen niemals zusammen.

1. UND 2. VORSÄNGERIN
Das hat unser Herrgott so eingerichtet,
das eine kostet immer das andere.

ALLE
Und die lange, die lange Ewigkeit
bis zum Ende der Welt, bis zum Ende der Zeit,
sitzt die Zeipoth wie Fels und wie Nebel so grau,
und muss ewig leben,
und muss ewig weben
am Kronmantel unserer Lieben Frau.

2. VORSÄNGERIN
Und was recht ist auf Erden, ob's auch recht ist vor Gott,
das werden wir schwerlich erraten.

1. UND 2. VORSÄNGERIN
Unser Leben ist zu kurz und gar bald kommt der Tod,
und ist dennoch eine himmlische Gnade.

ALLE

Und die lange, die lange Ewigkeit
bis zum Ende der Welt, bis zum Ende der Zeit,
sitzt die Zeipoth wie Fels und wie Nebel so grau,
und muss ewig leben,
und muss ewig weben
am Kronmantel unserer Lieben Frau.

3. VORSÄNGERIN

Und uns ist das endliche Urteil verwehrt.
Wie es kommt, so müssen wir's leiden.

2. UND 3. VORSÄNGERIN

Wer der Auferstehung teilhaftig wird,
das wird der Herrgott entscheiden.

ALLE

Und die lange, die lange Ewigkeit
bis zum Ende der Welt, bis zum Ende der Zeit,
sitzt die Zeipoth wie Fels und wie Nebel so grau
und muss ewig leben,
und muss ewig weben
am Kronmantel unserer Lieben Frau.

ENDE

Inhalt

Der Autor

© Caio Garrubba

Michael Ende (1929–1995) ist einer der erfolgreichsten deutschsprachigen Schriftsteller. Neben Kinder- und Jugendbüchern schrieb er poetische Bilderbuchtexte, Bücher für Erwachsene, Theaterstücke, Gedichte und Essays. Michael Endes Werke wurden in über 40 Sprachen übersetzt und erreichen heute eine Gesamtauflage von über 33 Millionen Exemplaren. Viele seiner Bücher wurden verfilmt und sind auch aus Funk und Fernsehen bekannt.

Mehr Infos zu Michael Ende unter www.michaelende.de

Weitere Titel von Michael Ende bei hockebooks

Der Goggolori
E-Book 978-3-95751-207-9

Michael Ende erzählt eine alte bayerische Legende: Einen Pakt mit dem Kobold Goggolori schließt der Bauer Irwing zur Zeit des Dreißigjährigen Krieges. Der Goggolori verspricht, dem Bauern von allem im Überfluss zu schenken. Im Gegenzug fordert er von Bauer Irwing jeweils den ersten Teil der Ernte, des Viehs und des Glücks ein. Doch schon bald sollen der Bauer und seine Frau den Pakt bereuen: Der Goggolori geht noch einen Schritt weiter und verlangt auch Irwings Tochter Zeipoth. In ihrer Verzweiflung ruft Irwings Frau die Ullerin, die mit dunklen Mächten im Bunde steht, zu Hilfe. Ein zerstörerischer Kampf zwischen magischen Gewalten bahnt sich an.

»Ein Werk, das eindrucksvolle Wirkung macht.« (Münchner Merkur)

Die Jagd nach dem Schlarg
E-Book 978-3-95751-210-9
Print 978-3-95751-331-1

Keiner kennt es, alle wollen es haben, obwohl doch jeder Angst davor hat: Die Rede ist vom Schlarg, nach dem mitten im Ozean irgendwo-nirgendwo eine verrückte Schiffsbesatzung jagt. Die Vorlage für dieses Libretto, das Michael Ende eigens für die Bühne des Münchner Prinzregententheaters schrieb, ist Lewis Carrolls Nonsens-Epos »The Hunting of the Snark«.

Komisch, dramatisch, aber immer geistreich – ein echtes Vergnügen für alle Freunde des englisch inspirierten Wortwitzes.

Die Spielverderber
E-Book 978-3-95751-317-5
Print 978-3-95751-330-4

Ein mysteriöser Wohltäter will sein Erbe unter Fremden auf-
teilen: Dem Träumer, der adlige Lady, dem Ex-Offizier, der
Dienstmagd bis zur blinden, verhärmten Bauersfrau – jeder
erhält nur ein Stück des Testaments. Um das Erbe antreten zu
können, müssen sie nur all ihre Stücke zusammenfügen. Doch
nun beginnt ein Ränkespiel, das in einem apokalyptischen Alb-
traum endet. Denn je mehr sich die Erben streiten, gegenseitig
ausspielen, Komplotte schmieden, umso mehr verändert sich
die Realität um sie herum. Das Schloss, der Butler, alles scheint
eine organische Einheit zu sein, in welcher der Geist des Ver-
storbenen noch immer sein Wesen treibt. Und auf Lügen, Betrug
und Intrige reagiert er mit Verfall und Dunkelheit ...

Der Rattenfänger
E-Book 978-3-95751-316-8
Print 978-3-95751-329-8

Die Legende vom Flötenspieler, der nach den verhassten Rat-
ten die geliebten Kinder aus der Stadt Hameln führte und auf
Nimmerwiedersehen mit ihnen verschwand, ist uralt. Ihr ge-
heimnisvoller Grusel wirkt jedoch bis heute fort, und ihre Rätsel
sind ungelöst:
Wer war der seltsame Mann, der sich auf so grausame Weise
an den Bürgern von Hameln rächte? Ein Magier, ein Dämon, ein
Vagabund, der Unheil mit Unheil vergalt? Woher kam er, wohin
ging er, was geschah mit den Kindern, die arglos den Klängen
seiner Flöte folgten?
In seinem »Hamelner Totentanz« spürt Michael Ende, der König der Geschichtenerzähler, diesen Fragen nach und kommt zu
Antworten, die selbst eingefleischte Kenner verblüffen werden.

Der Zettelkasten
E-Book 978-3-95751-340-3
Print 978-3-95751-341-0

Michael Ende ist nicht allein ein Erzähler großartiger Märchen und phantastischer Geschichten, er ist auch ein scharfsinniger Denker, der sich Gedanken macht über den Zustand der Welt und sich um positive Zukunftsbilder bemüht. Sein Zettelkasten belegt diesen Doppelaspekt, denn es ist ein aufschlussreiches Lesebuch aus der Werkstatt eines Autors, der in der realen Welt der Menschen und in der Welt der Vorstellungen zu Hause ist.

Das Lesebuch enthält bisher Unveröffentlichtes wie Geschichten und Gedichte, Balladen und Lieder voller Poesie und Phantasie. Aber auch von der realen Welt der Menschen wird im Zettelkasten erzählt: Beobachtungen, Überlegungen und Aphorismen vermitteln überraschende Sichten auf die Welt und schärfen unser Bewusstsein für die Probleme unserer Zeit. Michael Endes literarische wie philosophische Versuche sind Belege für seine Bemühungen, Poesie ins Leben zu verweben, im Leben selbst aber Anregungen für eine lebens- und wünschenswerte Zukunft zu geben.

Mit seinem Zettelkasten greift Michael Ende eine alte literarische Tradition auf. Dieses Werkstattbuch vermittelt ein umfassendes Bild von einem Autor, der zu den wichtigsten Schriftstellern unserer Zeit gerechnet werden muss.

Der Niemandsgarten
Aus dem Nachlass
ausgewählt und herausgegeben von Roman Hocke

E-Book 978-3-95751-327-4
Print 978-3-95751-336-6

In Michael Endes Nachlass finden sich ganz unterschiedliche, unveröffentlichte Texte: Gedichte, Hörspiele, Rätsel, Briefe, Erzählungen, Theaterstücke und auch Romanfragmente. Roman Hocke, Lektor und Freund des Schriftstellers, hat daraus ein buntes Lese- und Vorlesevergnügen komponiert. Der Leser wird auf eine spannende Reise in die faszinierende Welt und Schreibwerkstatt Michael Endes entführt. In allen Entwürfen ist die Kraft der Imagination spürbar, die die Welt verändern könnte, Zusammenhänge offenbaren sich. Die Texte verzaubern mit poetischen Bildern und wunderlichen Gestalten, machen nachdenklich oder verführen zum Träumen.

Phantasie / Kultur / Politik
Protokoll eines Gesprächs
(mit Erhard Eppler und Hanne Tächl)

E-Book 978-3-95751-003-7

Unsere Gesellschaft braucht mehr denn je positive Utopien. Anfang der 80er treffen sich Michael Ende, Hanne Tächl und Erhard Eppler im Tal der Seligen in den Albaner Bergen, nahe Rom. Zwei Tage lang diskutieren der Geschichtenerzähler, die Schauspielerin und der Politiker darüber, wie eine zeitgemäße Utopie aussehen könnte. Welchen Beitrag können und müssen Kultur und Politik für eine bessere Zukunft leisten? Durch den Austausch der Gesprächspartner, die aus ganz und gar verschiedenen Welten kommen, entstehen nach und nach neue Denkansätze für eine bessere und menschlichere Zukunft. Dabei spielt vor allem die Phantasie, die schöpferische Kraft des Menschen, eine überragende Rolle. Ein Debattenbuch, dessen Thesen bis heute Gültigkeit besitzen – denn die Kraft einer positiven Utopie, die die Menschen verbindet, ist in Zeiten globaler Krisen wichtiger denn je.